DA FALA PARA A ESCRITA
atividades de retextualização

EDITORA AFILIADA

Dados Internacionais de Catalogação na Publicação (CIP)
(Câmara Brasileira do Livro, SP, Brasil)

Marcuschi, Luiz Antônio
    Da fala para a escrita : atividades de retextualização / Luiz Antônio Marcuschi – 10. ed. – São Paulo : Cortez, 2010.

ISBN 978-85-249-0771-5

1. Escrita 2. Fala 3. Linguística I. Título.

01-0319   CDD-410

Índices para catálogo sistemático:

1. Escrita e fala : Linguística 410
2. Fala e escrita : Linguística 410

Luiz Antônio Marcuschi

DA FALA PARA A ESCRITA
atividades de retextualização

10ª edição
6ª reimpressão

DA FALA PARA A ESCRITA: atividades de retextualização
Luiz Antônio Marcuschi

Capa: DAC
Preparação de originais: Eloisa Da Riva Moura
Revisão: Maria de Lourdes de Almeida
Composição: Linea Editora Ltda.
Coordenação editorial: Danilo A. Q. Morales

Nenhuma parte desta obra pode ser reproduzida ou duplicada sem autorização expressa do autor e do editor.

© 2000 by Autor

Direitos para esta edição
CORTEZ EDITORA
Rua Monte Alegre, 1074 — Perdizes
05014-001 — São Paulo-SP
Tel.: (11) 3864-0111 Fax: (11) 3864-4290
E-mail: cortez@cortezeditora.com.br
www.cortezeditora.com.br

Impresso no Brasil — abril de 2023

Para Beth, Marina e Rodrigo,
companheiros de toda hora

SUMÁRIO

Apresentação 9

Agradecimentos 13

CAPÍTULO I — Oralidade e Letramento 15
   1. Oralidade e letramento como práticas sociais 15
   2. Presença da oralidade e da escrita na sociedade 19
   3. Oralidade *versus* letramento ou fala *versus* escrita? 25
   4. A perspectiva das dicotomias 27
   5. A tendência fenomenológica de caráter culturalista 28
   6. A perspectiva variacionista 31
   7. A perspectiva sociointeracionista 32
   8. Aspectos relevantes para a observação da relação fala e escrita 35

CAPÍTULO II — Da Fala para a Escrita: Processos de Retextualização 45
   1. De que se trata? 45
   2. Transcrição e transcodificação 49
   3. Algumas variáveis intervenientes 53
   4. Regras de editoração 55
   5. Alguns estudos do processo de transformação já realizados 62
   6. Uma experiência piloto 66
   7. Aspectos envolvidos na retextualização 67
   8. Fluxo dos processos de retextualização 72

9. Modelo das operações de retextualização 73
10. Aspectos gerais de reestilização e relexicalização 94
11. Análise de algumas retextualizações 99
12. Perspectivas de trabalho 121
13. Algumas palavras finais 124

Fontes de referência 127

APRESENTAÇÃO

Conhecemos, hoje, muito mais sobre as relações entre oralidade e escrita do que há algumas décadas. Contudo, esse conhecimento ainda não se acha bem divulgado nem foi satisfatoriamente traduzido para a prática. Este texto busca concretizar, pelo menos em parte, os dois objetivos — divulgação e aplicação — contribuindo assim para um melhor conhecimento dos usos da língua. Partindo do princípio de que são os *usos* que fundam a língua e não o contrário, defende-se a tese de que falar ou escrever bem não é ser capaz de adequar-se às regras da língua, mas é usar adequadamente a língua para produzir um efeito de sentido pretendido numa dada situação. Portanto, é a intenção comunicativa que funda o uso da língua e não a morfologia ou a gramática. Não se trata de saber como se chega a um texto ideal pelo emprego de formas, mas como se chega a um discurso significativo pelo uso adequado às práticas e à situação a que se destina.

No primeiro capítulo, defende-se a posição de que não se pode tratar as relações entre oralidade e letramento ou entre fala e escrita de maneira estanque e dicotômica. A proposta é a de que se vejam essas relações dentro de um quadro mais amplo no contexto das práticas comunicativas e dos gêneros textuais. A sugestão segue uma visão funcional e preserva um contínuo de variações, gradações e interconexões, a depender do que se compara. Em certos casos, as proximidades entre fala e escrita são tão estreitas que parece haver uma mescla, quase uma fusão de ambas, numa sobreposição bastante grande tanto nas estratégias textuais como nos contextos de realização. Em outros, a distância é mais marcada, mas não a ponto de se ter dois sistemas linguísticos ou duas línguas, como se disse por muito tempo. Uma vez concebidas dentro de um quadro de inter-relações, sobreposições, gradações e mesclas, as relações entre fala e escrita recebem um tratamento mais adequado, permitindo aos usuários da língua maior conforto em suas atividades discursivas.

Inserido nessa proposta, o segundo capítulo traz uma série de sugestões para análise e tratamento da retextualização na passagem da fala para a escrita. Salta à vista que não há um limite ideal para essa transposição: tudo vai depender do que temos em mente numa dada situação. O formato de nossas atividades linguísticas varia muito a depender dos contextos, dos interactantes, das necessidades e da sociedade em que as atividades são realizadas. Se somos linguistas, críticos literários, escritores ou jornalistas e lidamos com a língua por profissão, esse aspecto será crucial e exigirá de nós grande maleabilidade. Mas não é necessária uma atividade profissional desse tipo para se estar submetido a demandas particularmente complexas no uso da língua. Basta querer transmitir oralmente a um amigo o que lemos hoje pela manhã no jornal, ou escrever a um filho ou desconhecido o que ouvimos durante o dia a respeito de um determinado assunto e já estamos submetidos a operações sociodiscursivas muito complexas. O certo é que diariamente operamos com a língua em condições e contextos os mais variados e, quando devidamente letrados, passamos do oral para o escrito ou do escrito para o oral com naturalidade.

É tendo em vista estes aspectos e a centralidade dos usos linguísticos na vida cotidiana, que se propõem aqui algumas reflexões pontualizadas sobre os processos de retextualização no dia a dia. Para tanto, será necessária uma revisão de conceitos e postulados a respeito da língua e de seu uso, resultando daí uma proposta de como lidar com fenômenos a que poderíamos chamar de *shiftings* (deslizamentos) textuais entre modalidades, gêneros e situações, evitando posturas estanques e estáticas.

Sabemos que a perspectiva da visão não dicotômica e a ideia do contínuo na relação entre oralidade e letramento não garantem *per se* a superação do mito da supremacia social e cognitiva da escrita sobre a oralidade. Assim, para não incorrer no mesmo equívoco que se condena, no decorrer de todo o livro frisa-se de modo enfático que os textos orais estão em ordem, não são caóticos nem incoerentes ou carentes de coesão interna. Toda a atividade de retextualização ora examinada e sugerida não é uma proposta de melhorar ou de pôr uma nova ordem no texto oral, pois as modificações notadamente efetuadas nas retextualizações analisadas não revelam a presença de processos cognitivos novos, mais altos ou mais abstratos na escrita em relação à fala. Não se dão raciocínios mais abstratos na escrita em relação a processos de compreensão na oralidade, tendo em vista que, cognitivamente, *o que sobra na escrita* é *o que estava na fala*. Novo é o meio em que se dá a produção e não a atividade sociocognitiva desenvolvida.

Em suma, o que se vai encontrar aqui é um conjunto de observações e análises ao lado de uma série de sugestões de trabalho e pesquisa na área da oralidade e escrita, dentro de um quadro teórico que busca respeitar as práticas linguísticas como práticas sociais em que estão sempre envolvidos seres humanos em carne e osso empenhados em solucionar problemas de toda ordem. Seres que têm crenças, sentimentos, vontades, desejos, interesses, ideias e ideais diversos e respeitáveis. Este trabalho busca ajudar essas pessoas em suas atividades mais comuns no dia a dia, porque não há nada mais corriqueiro no nosso cotidiano do que falar e, em certos casos, escrever.

AGRADECIMENTOS

Como sempre ocorre nestes casos, muitas foram as pessoas envolvidas para que o trabalho que a seguir se vai ler chegasse a este ponto. Mas é impossível, neste espaço, nomear todos os amigos e colegas que deram sua contribuição e sugestões. Foram muitos. Entretanto, alguns devem ser nominalmente designados. Entre eles estão: o amigo e colega Dino Preti (USP-PUC/SP) que leu a versão original deste estudo, deu valiosas indicações para aperfeiçoamento e sugeriu a inclusão da primeira parte pelo interesse que poderia despertar nos leitores o acesso a algumas ideias a respeito da relação entre a oralidade e a escrita, antes de se partir para a atividade de retextualização; a amiga e colega Ingedore Villaça Koch (UNICAMP), que, além de fornecer sugestões em diversos pontos, me estimulou a publicar os textos; os colegas do Departamento de Letras da UFPE e amigos Judith Hoffnagel, Doris de Arruda C. da Cunha, Ângela Paiva Dionísio, Márcia Mendonça, Maria da Piedade Moreira de Sá, Marígia Viana, Francisco Gomes de Matos e Kazue S. M. de Barros (UFRN), companheiros de incansáveis e produtivas discussões ao longo de vários anos; o amigo e colega Marc Arabyan (Universidade de Paris XII), pelas inúmeras reflexões que provocou a respeito das questões aqui tratadas, durante um instigante semestre na UFPE em 1999; as mestras Virgínia Colares Alves e Isaltina Mello Gomes, hoje ambas doutoras, com seu enorme estímulo para continuar o trabalho quando em suas dissertações testaram o modelo inicial da retextualização e mostraram que ele funcionava. A todos o meu sincero obrigado.

Agradeço aos alunos e alunas do PREPES, Programa de Especialização realizado na PUC-MG, onde estes textos foram por alguns anos seguidos testados em versões bem mais elementares. Estou certo de que foi naquele laboratório do PREPES que essas ideias chegaram ao amadurecimento final. Outro laboratório fabuloso foi o convívio com o grupo de bolsistas de Iniciação Científica — Suzana Leite Cortez, Maria Luiza Aragão da Cunha Lima, Renata Rodrigues Viegas, Cynthia Torres, Mariana de A. C. da Cunha, Rodrigo Jungmann, Kassandra da Silva Muniz — sempre instigantes, sugestivos, solícitos, pacientes e cheios de perguntas sem respostas; também meus orientandos de Mestrado e Doutorado a quem devo o estímulo e o fôlego de jovens idealistas que me impedem de parar. Ao CNPq, meu reconhecimento pela Bolsa de Produtividade em Pesquisa concedida no contexto do Projeto Integrado (proc. nº 523612/96-6) em que estes trabalhos se inserem, proporcionando condições para o desenvolvimento das investigações.

Seria eu injusto se aqui não lembrasse explicitamente e de modo particularmente afetuoso o trio que sempre respeitou minhas idiossincrasias e temerariamente me estimulou a trabalhar sem horário, cobrança e fronteira. A esses três seres fabulosos — Beth, Marina e Rodrigo — responsáveis pelo melhor de mim, com carinho, dedico este livro.

CAPÍTULO I

ORALIDADE E LETRAMENTO[1]

1. Oralidade e letramento como práticas sociais

Hoje, é impossível investigar *oralidade* e *letramento*[2] sem uma referência direta ao papel dessas duas práticas na civilização contemporânea. De igual modo, já não se podem observar satisfatoriamente as semelhanças e diferenças entre *fala* e *escrita* (o contraponto formal das duas práticas acima nomeadas) sem considerar a distribuição de seus usos na vida cotidiana. Assim, fica difícil, se não impossível, o tratamento das relações entre estas últimas, centrando-se exclusivamente no código. Mais do que uma simples mudança de perspectiva, isto representa a construção de um novo objeto de análise e uma nova concepção de língua e de texto, agora vistos como um *conjunto de práticas sociais*.

---

1. Originalmente, o texto deste primeiro capítulo foi apresentado como conferência de abertura no *II Encontro Franco-Brasileiro de Ensino de Língua*, na Universidade Federal do Rio Grande do Norte, Natal, em outubro de 1995, sob o título de *Oralidade e Escrita*. Posteriormente, em versão ligeiramente modificada, apareceu na revista *Signótica* 8 (1997) do Curso de Pós-Graduação em Letras e Linguística da Universidade Federal de Goiás. Aqui, ele surge em versão revista e ampliada em vários pontos centrais.

2. Brian V. Street (1995: 2) sugere que se use essa expressão no plural, já que o que temos são diferentes *práticas de letramentos* e não o letramento no singular. O próprio título do livro de Street, *Letramentos Sociais (Social Literacies),* é uma tentativa do autor de frisar a "natureza social do letramento" e "o caráter múltiplo das práticas de letramento". De fato, Street defende a posição de que não se pode confundir as diversas manifestações sociais do letramento com a escrita como tal, pois esta não passaria de uma das formas de letramento, ou seja, o *letramento pedagógico*. Quanto aos letramentos, eles se manifestam como eventos em que a escrita, a compreensão e a interação se acham integralmente imbricadas. Ilustrativo para estas questões é o proveitoso trabalho de Ângela Kleiman (1995a) com uma abordagem das definições e perspectivas de análise da noção de *letramento*.

Esta mudança de visão operou-se a partir dos anos 80, em reação aos estudos das três décadas anteriores em que se examinavam a oralidade e a escrita como opostas, predominando a noção da supremacia cognitiva da escrita dentro do que Street (1984) chamou de "paradigma da autonomia".[3] Considerava-se a relação oralidade e letramento como dicotômica, atribuindo-se à escrita valores cognitivos intrínsecos no uso da língua, não se vendo nelas duas práticas sociais. Hoje, como se verá adiante, predomina a posição de que se pode conceber oralidade e letramento como atividades interativas e complementares no contexto das práticas sociais e culturais.

Uma vez adotada a posição de que lidamos com práticas de letramentos e oralidade, será fundamental considerar que as línguas se fundam em usos e não o contrário. Assim, não serão primeiramente as regras da língua nem a morfologia os merecedores de nossa atenção, mas os *usos da língua*, pois o que determina a variação linguística em todas as suas manifestações são os usos que fazemos da língua. São as formas que se adequam aos usos e não o inverso. Pouco importa que a *faculdade da linguagem* seja um fenômeno *inato*, universal e igual para todos, à moda de um órgão como o coração, o fígado e as amígdalas, o que importa é o que *nós fazemos* com esta capacidade. E isto que nós fazemos será o objeto central de nossa investigação neste momento. Trata-se de uma análise de usos e práticas sociais e não de formas abstratas. Estas, as formas, estarão sendo analisadas a serviço daqueles, os usos, e não o contrário.

O letramento (*literacy*),[4] enquanto prática social formalmente ligada ao uso da escrita, tem uma história rica e multifacetada (não linear e cheia de contradições), ainda por ser esclarecida, como lembra Graff (1995). Numa sociedade como a nossa, a escrita, enquanto manifestação formal dos diversos tipos de letramento, é mais do que uma tecnologia. Ela *se tornou* um bem social indispensável para enfrentar o dia a dia, seja nos centros urbanos ou na zona rural. Neste sentido, pode ser vista como essencial à própria sobrevivência no mundo moderno. Não por virtudes que lhe são imanentes, mas pela forma como se impôs e a violência com que penetrou nas sociedades modernas e impregnou as

---

3. O outro paradigma identificado por Street (1984) é o "ideológico", que busca identificar as relações de poder e assimetrias sociais baseadas no domínio/predomínio da cultura escrita. Este paradigma não supera a dicotomia, mas analisa-a dentro de uma perspectiva mais complexa, dando à ideologia um papel importante. Sobre a questão, veja-se a exposição de A. Kleiman (1995a).

4. Neste caso poderíamos usar com propriedade a expressão *"alfabetização"*, mas ao mesmo tempo em que seria mais correto, seria redutor pelo fato de aqui estarmos considerando mais aspectos do que apenas a alfabetização formal e pedagogicamente realizada. Para uma excelente exposição sobre as mais variadas questões envolvidas no estudo e na caracterização dos fenômenos do letramento e da sua relação com a alfabetização, aconselho a leitura do livro de Magda B. Soares (1998), *Letramento. Um Tema em Três Gêneros*. Igualmente interessantes, neste caso, são os trabalhos editados por Kleiman (1995) na obra *Os Significados do Letramento: Uma Nova Perspectiva sobre a Prática Social da Escrita*.

culturas de um modo geral. Por isso, friso que ela *se tornou* indispensável, ou seja, sua prática e avaliação social a elevaram a um *status* mais alto, chegando a simbolizar educação, desenvolvimento e poder.

Não obstante isso, sob o ponto de vista mais central da realidade humana, seria possível definir o homem como um *ser que fala* e não como um *ser que escreve*. Entretanto, isto não significa que a oralidade seja superior à escrita, nem traduz a convicção, hoje tão generalizada quanto equivocada, de que a escrita é derivada e a fala é primária. A escrita não pode ser tida como uma representação da fala, como se verá adiante. Em parte, porque a escrita não consegue reproduzir muitos dos fenômenos da oralidade, tais como a prosódia, a gestualidade, os movimentos do corpo e dos olhos, entre outros. Em contrapartida, a escrita apresenta elementos significativos próprios, ausentes na fala, tais como o tamanho e tipo de letras, cores e formatos, elementos pictóricos, que operam como gestos, mímica e prosódia graficamente representados. Oralidade e escrita são práticas e usos da língua com características próprias, mas não suficientemente opostas para caracterizar dois sistemas linguísticos nem uma dicotomia. Ambas permitem a construção de textos coesos e coerentes, ambas permitem a elaboração de raciocínios abstratos e exposições formais e informais, variações estilísticas, sociais, dialetais e assim por diante. As limitações e os alcances de cada uma estão dados pelo potencial do meio básico de sua realização: som de um lado e grafia de outro, embora elas não se limitem a som e grafia, como acabamos de ver. Em suma, eficácia comunicativa e potencial cognitivo não são vetores relevantes para distinguir oralidade e escrita, de modo que a tese da *grande virada*[5] cognitiva que a escrita, de modo especial a escrita alfabética, representaria com seu surgimento na humanidade, não passa de um mito já superado.

Se é bem verdade que todos os povos, indistintamente, têm ou tiveram uma tradição oral, mas relativamente poucos tiveram ou têm uma tradição escrita, isto não torna a oralidade mais importante ou prestigiosa que a escrita. Trata-se apenas de perceber que a oralidade tem uma "primazia cronológica" indiscutível sobre a escrita (cf. Stubbs, 1980). Os usos da escrita, no entanto, quando arraigados numa dada sociedade, impõem-se com uma violência inusitada e adquirem um valor social até superior à oralidade.

---

5. Tese postulada especialmente por Walter Ong [1982], cuja obra se acha agora em português sob o título *Oralidade e Cultura Escrita. A Tecnologização da Palavra* (1998), e também Jack Goody [1977] traduzido para o português sob o título *Domesticação do Pensamento Selvagem* (1988), ambos tidos como típicos representantes da tese da "grande virada" cognitiva representada pela introdução da escrita. Para esses autores, nosso grau de desenvolvimento tecnológico e nossa capacidade de raciocínio formal seriam impensáveis sem a escrita. Evidentemente, essas teses não são mais sustentáveis hoje. Os próprios autores deixaram-nas de lado.

Contudo, mais urgente (e relevante) do que identificar primazias ou supremacias entre oralidade e letramentos, e até mesmo mais importante do que observar oralidade e letramentos como simples modos de uso da língua, é a tarefa de esclarecer a natureza das práticas sociais que envolvem o uso da língua (escrita e falada) de um modo geral. Essas práticas determinam o lugar, o papel e o grau de relevância da oralidade e das práticas do letramento numa sociedade e justificam que a questão da relação entre ambos seja posta no eixo de um contínuo sócio-histórico de práticas. Este contínuo poderia ser traduzido em outras imagens, por exemplo, na forma de uma gradação ou de uma mesclagem.[6] Tudo dependerá do ponto de vista observado e das realidades comparadas.

Veja-se hoje a questão tão discutida das comunicações escritas ditas "síncronas", ou seja, em tempo real pela *Internet*, produzidas nos famosos *bate-papos*.[7] Temos aqui um modo de comunicação com características típicas da oralidade e da escrita, constituindo-se, esse gênero comunicativo, como um texto *misto* situado no entrecruzamento de fala e escrita. Assim, algumas das propriedades até há pouco atribuídas com exclusividade à fala, tal como a simultaneidade temporal, já são tecnologicamente possíveis na prática da escrita à distância, com o uso do computador. Este "escrever" tem até uma designação própria: *"teclar"*; tal é a consciência da "novidade". No meu entender, a mudança mais notável aqui não diz respeito às formas textuais em si, mas sim à *nossa relação com a escrita*. Escrever pelo computador no contexto da produção discursiva dos *bate-papos* síncronos (*on-line*) é uma nova forma de nos relacionarmos com a escrita, mas não propriamente uma nova forma de escrita.

A fala (enquanto manifestação da prática oral) é adquirida naturalmente em contextos informais do dia a dia e nas relações sociais e dialógicas que se instauram desde o momento em que a mãe dá seu primeiro sorriso ao bebê. Mais do que a decorrência de uma disposição biogenética, o aprendizado e o uso de uma língua natural é uma forma de inserção cultural e de socialização. Por outro lado, a escrita (enquanto manifestação formal do letramento), em sua faceta institucional, é adquirida em contextos formais: na escola. Daí também seu caráter mais prestigioso como bem cultural desejável. Daí também o fato de uma certa identificação entre alfabetização e escolarização, o que não passa de

---

6. Heath (1983) mostrou, no estudo sobre eventos de letramento, que havia situações em que se mesclavam ações orais com atividades escritas, como nas leituras e respostas coletivas de cartas pessoais em família. As cartas eram lidas em voz alta, discutidas em grupo e respondidas coletivamente. A escrita tornava-se aqui um evento mesclado pela oralidade e produzido em autoria coletiva. Esta visão etnográfica das práticas de letramento mostra a inviabilidade de imaginar a escrita como um fenômeno monolítico em suas formas de manifestação.

7. Sobre o tema, lembraria aqui o recente trabalho de José Gaston Hilgert (2000), intitulado *"A construção do texto 'falado' por escrito: a conversação na internet"*.

um equívoco (cf. Graff, 1995 e Frago, 1993), pois houve situações históricas, tal como o caso da Suécia, em que a alfabetização se deu desvinculada da escolarização.

2. Presença da oralidade e da escrita na sociedade

Quanto à presença da escrita, pode-se dizer que, mesmo criada pelo engenho humano tardiamente em relação ao surgimento da oralidade, ela permeia hoje quase todas as práticas sociais dos povos em que penetrou. Até mesmo os analfabetos, em sociedades com escrita, estão sob a influência do que contemporaneamente se convencionou chamar de *práticas de letramento*, isto é, um tipo de processo histórico e social que não se confunde com a realidade representada pela alfabetização regular e institucional lembrada há pouco. Frisando mais uma vez o que dizia Street (1995), deve-se ter imenso cuidado diante da tendência à *escolarização do letramento*, que sofre de um mal crônico ao supor que só existe **um** letramento. O letramento não é o equivalente à aquisição da escrita. Existem "letramentos sociais" que surgem e se desenvolvem à margem da escola, não precisando por isso serem depreciados.

A escrita é usada em contextos sociais básicos da vida cotidiana, em paralelo direto com a oralidade. Estes contextos são, entre outros:

- *o trabalho*
- *a escola*
- *o dia a dia*
- *a família*
- *a vida burocrática*
- *a atividade intelectual*

Em cada um desses contextos, as ênfases e os objetivos do uso da escrita são variados e diversos. Inevitáveis relações entre escrita e contexto devem existir, fazendo surgir gêneros textuais e formas comunicativas, bem como terminologias e expressões típicas. Seria interessante que a escola soubesse algo mais sobre essa questão para enfrentar sua tarefa com maior preparo e maleabilidade, servindo até mesmo de orientação na seleção de textos e definição de níveis de linguagem a trabalhar.[8]

---

8. Quanto a isso, remeto ao meu trabalho (veja Marcuschi, 2000) a sair sob o título *Gêneros textuais: O que São e como se Constituem*, em que são analisados os mais diversos aspectos relativos à constituição e ao uso dos gêneros textuais em todos os domínios discursivos.

Há, portanto, uma distinção bastante nítida entre a **apropriação/distribuição** da escrita & leitura *(padrões de alfabetização)* do ponto de vista formal e institucional e os **usos/papéis** da escrita & leitura *(processos de letramento)* enquanto práticas sociais mais amplas. Sabemos muito sobre métodos de alfabetização, mas sabemos pouco sobre processos de letramento, ou seja, sabemos pouco sobre a influência e penetração da escrita na sociedade. Mesmo pessoas ditas "iletradas", ou seja, analfabetas, não deixam de estar sob a influência de estratégias da escrita em seu desempenho linguístico, o que torna o uso do termo "iletrado" muito problemático em sociedades com escrita (veja mais sobre o assunto em Tfouni, 1988; e Soares, 1998).

Além disso, ainda não sabemos com precisão *que gêneros de textos* (orais e escritos) são os mais correntes em cada um dos contextos e domínios discursivos acima apontados e *quem* é que faz uso mais intenso da escrita dentro deles.[9] Tome-se o caso do *contexto do trabalho*. Ali, nem todos fazem uso da escrita na mesma intensidade ou em condições idênticas. Não é apenas uma questão de distribuição de tarefas. É também uma questão de delegação de tarefas, um fato muito comum na prática da escrita em contextos de trabalho. Em quase todos os ambientes de trabalho há alguém (uma determinada pessoa, a "secretária") que *sabe escrever*, alguém que tem um desempenho escrito considerado "ideal" para aquele contexto.[10]

Se partimos para o ambiente familiar, podemos indagar: que uso da leitura e da escrita é feito em casa? Para que se usa a escrita e a leitura em casa? Não resta dúvida de que *leitura & escrita* é uma prática comunicativa interessante e

---

9. Pesquisa financiada pelo CNPq num projeto integrado sob o título geral de "Fala e Escrita: Usos e Características" acha-se em andamento no Programa de Pós-Graduação em Linguística da Universidade Federal de Pernambuco, desde março de 1995 (CNPq, proc. n° 523612/96-6). Do projeto, participam Luiz Antônio Marcuschi (coordenador), Judith Hoffnagel, Doris Carneiro da Cunha e Kazue Saito Monteiro de Barros. Bolsistas de Iniciação Científica colaboram na investigação. Em junho de 1995, foram feitos levantamentos de pouco mais de 500 informantes sobre os usos da fala e da escrita nos diversos contextos da vida diária. Um dos resultados mais surpreendentes foi a constatação de que poemas e cartas são os textos mais frequentes, na escrita, sobretudo por parte das mulheres, mas também dos homens. O tempo diário empregado com a escrita não passa de 5% do total do tempo em vigília, quando atinge o máximo, sendo que com a leitura, usa-se um pouco mais. A grande parte do tempo é utilizada com a comunicação oral, o que caracteriza nossa sociedade, indistintamente da classe social, idade, formação e profissão, como profunda e essencialmente oralista. A escrita é quase sempre um recurso com características de especialização, pois, em cada setor, há fórmulas mais ou menos consagradas e indivíduos responsáveis pela redação de textos. Mesmo universitários usam pouco a escrita e se não tivessem que fazer deveres escolares, quase nada escreveriam.

10. Esta foi uma outra descoberta surpreendente feita nas investigações do projeto citado na nota 9. Em todas as áreas de trabalho há alguém que se especializa nas atividades de produção textual específica. Até mesmo os chefes e diretores de empresa recorrem a essa pessoa. Não é por nada que as secretárias (com redação própria) são muito valorizadas e prezadas, ganhando salários superiores às colegas de outras tarefas. Este é um fato interessante que atinge todas as esferas e áreas do trabalho.

proveitosa em muitos sentidos. Há o jornal e a revista para serem lidos. Há cartões e cartas pessoais para serem escritos. Há cheques para assinar, contas a fazer, recados a transmitir e listas de compras a organizar, rádio e músicas a escutar.[11] Há as ocorrências a registrar (os famosos livros de registro de todos os condomínios). Há historinhas a contar antes de dormir. As fofocas do dia a pôr em ordem etc. etc.

Não sabemos, no entanto, como tudo isso interage com outros meios comunicativos, por exemplo, o telefone, o rádio, a TV e assim por diante. Em suma, pouco sabemos a respeito das relações entre os diversos tipos de atividades comunicativas. Continua aberta a indagação: que tipo de valorização se dá à escrita e à oralidade na vida diária? Seja qual for a resposta, ela deve partir de dois pressupostos: primeiro, fala e escrita são atividades comunicativas e práticas sociais situadas; segundo, em ambos os casos temos um uso *real* da língua.

Retornemos, por um momento, a algumas questões relativas à alfabetização, pois será importante constatar que a escrita, após se tornar um fenômeno de massa e desejável a todos os seres humanos, passou a receber um *status* bastante singular no contexto das atividades cognitivas de um modo geral. Para muitos, o seu domínio se tornou um passaporte para a civilização e para o conhecimento.[12] Trata-se de uma tendência a reconhecer valores imanentes à própria tecnologia como tal. Este é um dos mitos a ser combatido aqui.

As confusões nesse campo são imensas. Primeiro, devemos distinguir entre *letramento, alfabetização* e *escolarização*. O **letramento** é um processo de aprendizagem social e histórica da leitura e da escrita em contextos informais e para usos utilitários, por isso é um conjunto de práticas, ou seja, *letramentos*, como bem disse Street (1995). Distribui-se em graus de domínio que vão de um patamar mínimo a um máximo. A **alfabetização** pode dar-se, como de fato se deu historicamente, à margem da instituição escolar, mas é sempre um aprendizado mediante ensino, e compreende o domínio ativo e sistemático das habili-

---

11. Outro fato curioso observado na investigação citada na nota 9 é que um dos usos mais sistemáticos e intensos da escrita em desempenhos que não exigem estruturas textuais é a confecção de *listas*. As listas são de todo tipo e para todo momento. É só entrar num supermercado e quase toda mãe ou todo pai de família está com uma lista de compras na mão. Isto inclusive em camadas sociais populares.

12. Não serão feitas aqui muitas alusões a autores, mas dois deles podem ser citados como os que em certa época se empenharam na defesa da tese da supremacia cognitiva da escrita. São eles David Olson e Jack Goody. Não se pode ignorar também Walter Ong, Sylvia Scribner, Michael Cole, entre outros. Algumas observações sobre estes autores aparecem mais adiante. Não obstante sua posição às vezes radical, D. Olson faz afirmações que põem a fala e a escrita no contexto da linguagem como faculdade humana. "*A faculdade da linguagem situa-se no centro de nossa concepção de gênero humano; a fala nos torna humanos e a escrita nos torna civilizados. Assim, é interessante e importante considerar o que é distintivo acerca da língua escrita e considerar as consequências do letramento para os preconceitos que isso importa tanto para nossa cultura como para os processos psicológicos*" (1977: 257).

dades de ler e escrever. A Suécia alfabetizou 100% de sua população já no final do século XVIII no ambiente familiar e para objetivos que nada tinham a ver com o desenvolvimento, e sim com práticas religiosas e atitudes de cidadania. A **escolarização**, por sua vez, é uma prática formal e institucional de ensino que visa a uma formação integral do indivíduo, sendo que a alfabetização é apenas uma das atribuições/atividades da escola. A escola tem projetos educacionais amplos, ao passo que a alfabetização é uma habilidade restrita.

Retomando o tema geral, podemos indagar o seguinte: *em que contextos e condições são usadas a oralidade e a escrita, isto é, quais são os usos da oralidade e da escrita em nossa sociedade?*

Por exemplo, quais são as demandas básicas da escrita em nossa sociedade, relativamente ao trabalho? Em que condições e para que fins a escrita é usada? Em que condições e para que fins a oralidade é usada? Qual a interface entre a escola e a vida diária no que respeita à alfabetização? Como se comportam os nossos manuais escolares neste particular? Que habilidades são ensinadas na escola e com que tipo de visão se passa a escrita? O que é que o indivíduo aprende quando aprende a ler e escrever? Que tipo de conhecimento é o conhecimento da escrita?

Seguramente, estas questões devem ser tratadas em várias direções. Parece que homens e mulheres não fazem uso da escrita do mesmo modo. Parece que a escrita tem uma perspectiva na escola e outra fora dela. Também há o problema do acesso à escrita, que é diferenciado. Além do mais, não é necessário ir muito longe (veja Street, 1984) para perceber o quanto a escrita foi tratada como algo superior, autônomo, com valores intrínsecos etc., tornando-se fonte de preconceitos.

Na sociedade atual, tanto a oralidade quanto a escrita são imprescindíveis. Trata-se, pois, de não confundir seus papéis e seus contextos de uso, e de não discriminar seus usuários. Por exemplo, há quem equipare a alfabetização (domínio ativo da escrita e da leitura) com *desenvolvimento*. Outros sugerem que a entrada da escrita representa a entrada do raciocínio lógico e abstrato. Ambas as teses estão cheias de equívocos e não passam de mitos. Mas é evidente que a alfabetização continua fundamental.

Eric Havelock[13] (citado por Graff, 1995: 38) comenta a tardia entrada da escrita na humanidade e sua repentina supervalorização com estas palavras:

> O fato biológico-histórico é que o *homo sapiens* é uma espécie que usa o discurso oral, manufaturado pela boca, para se comunicar. Esta é sua definição. Ele não é,

---

13. Eric Havelock. *Origins of Western Literacy*. Toronto, Ontario Institute for Studies in Education, 1976, p. 12. Citado a partir de Graff, 1995.

por definição, um escritor ou um leitor. Seu uso da fala, repito, foi adquirido por processos de seleção natural operando ao longo de um milhão de anos. O hábito de usar os símbolos escritos para representar essa fala é apenas um dispositivo útil que tem existido há pouco tempo para poder ter sido inscrito em nossos genes, possa isso ocorrer ou não meio milhão de anos à frente. Segue-se que qualquer língua pode ser transposta para qualquer sistema de símbolos escritos que o usuário da língua possa escolher sem que isso afete a estrutura básica da língua. Em suma, o homem que lê, em contraste com o homem que fala, não é biologicamente determinado. Ele traz a aparência de um acidente histórico recente...

Refletindo sobre essas observações, Graff (1995) lembra que a "cronologia é devastadoramente simples": enquanto espécie, o *homo sapiens* data de cerca de um milhão de anos. A escrita surgiu pouco mais de 3.000 anos antes de Cristo, ou seja, há 5.000 anos. No Ocidente, ela entrou por volta de 600 A.C., chegando a pouco mais de 2.500 anos hoje. E a imprensa surgiu em 1450, tendo pouco mais de 500 anos. Para a maioria dos estudiosos, a alfabetização, como fenômeno cultural de massa, pode ser quase ignorada nos primeiros 2.000 anos de sua história ocidental, pois ficou restrita a uns poucos focos.

Contudo, observa Graff (1995: 39) que essa história não é tão linear assim e oferece muitos truncamentos. A história do uso da escrita e da alfabetização no Ocidente é uma história descontínua. Para o autor, a história da alfabetização no Ocidente é "uma história de contradições e que um reconhecimento explícito disso é um pré-requisito para uma compreensão plena daquela história" (p. 43). É muito interessante a breve análise de Graff (p. 43-52) sobre as relações entre a alfabetização e os processos de industrialização. Ele mostra que essa relação não foi constante, nem sequer se deu numa ordem de concomitância. Tanto assim que a primeira revolução industrial da Inglaterra mostrou índices regressivos de alfabetização. Também não se dá que os povos ou grupos mais alfabetizados tenham sido sempre os mais prósperos. Veja-se o sempre lembrado caso antológico da Suécia, plenamente alfabetizada já no século XVIII e economicamente marginalizada.

Os próprios planos desenvolvimentistas sugeridos pela UNESCO baseiam-se na crença de que "a alfabetização é uma coisa boa" e que "a pobreza, a doença e o atraso geral estão vinculados com o analfabetismo", sendo que, por sua vez, "o progresso, a saúde e o bem-estar econômico estão igualmente de forma autoevidente vinculados com a alfabetização". Parece que o progresso está de tal modo ligado à alfabetização, que esta teria um valor intrínseco desejável ao indivíduo. Contudo, a história da alfabetização não comprova as expectativas da UNESCO. Por outro lado, é forçoso conceder que vivemos hoje tempos diversos que os da Idade Média ou dos primórdios da industrialização. Mas não deixa de ser falacioso usar isto como argumento a favor da supremacia da escrita. A escrita é um fato histórico e deve ser tratado como tal e não como um bem natural.

É forçoso admitir que a escrita tem hoje um papel muito diferente do que aquele que ela tinha em outros tempos e culturas. Portanto, a história do papel da escrita na sociedade e da própria relevância da alfabetização não é linear. Nem sempre ela teve os mesmos objetivos e efeitos. A este respeito, chega a ser surpreendente a posição de Graff (1995: 47) quando conclui que:

> no mínimo, os dados do passado sugerem fortemente que modelos de alfabetização simplistas, lineares, do tipo "teoria da modernização", como um pré-requisito para o desenvolvimento como um estimulante de níveis crescentes de escolarização, não são modelos apropriados.

A alfabetização tem alguns aspectos contraditórios. Pode ser útil ou preocupante aos governantes. Por isso, os que detêm o poder pensam que ela deveria dar-se de preferência sob o controle do Estado e nas escolas formalmente instituídas. Neste caso o controle e a supervisão do Estado orientariam o ensino para **seus** objetivos. Isto sugere que a apropriação da escrita é um fenômeno "ideologizável".

Não obstante a imensa penetração da escrita e as profecias de absoluto predomínio da escrita, a fala continua na ordem do dia. Nas palavras de Graff (1995: 37), poderíamos dizer que:

> A despeito das décadas nas quais os estudiosos vêm proclamando uma queda na difusão da cultura oral "tradicional", a partir do advento da imprensa tipográfica móvel, continua igualmente possível e significativo situar o poder persistente de modos orais de comunicação.

O certo é que a oralidade continua na moda. Parece que hoje redescobrimos que somos seres eminentemente orais, mesmo em culturas tidas como amplamente alfabetizadas. É, no entanto, bastante interessante refletir melhor sobre o lugar da oralidade hoje, seja nos contextos de uso da vida diária ou nos contextos de formação escolar formal. O tema não é novo e tem longa tradição.[14]

---

14. Imagino que seria interessante pensar aqui na distinção lembrada por Ginsburg (*O Queijo e os Vermes*, 1987: 17-20) quando ele diz que a dita *cultura popular* é transmitida essencialmente pela via da oralidade e que isto oferece aos historiadores um enorme problema, já que eles estão relegados à análise de documentos escritos. Para Ginsburg existe uma "cultura produzida pelas classes populares" e uma "cultura imposta às classes populares". A primeira seria aquela que Rabelais representou em suas obras que tanto incomodaram os donos do poder em sua época, e a segunda seria a representada pelos almanaques e até mesmo por muitos manuais escolares. Já outra coisa bem diversa é a "cultura de massa" que se caracteriza como produto de uma "indústria cultural" massificada.

3. Oralidade *versus* letramento ou fala *versus* escrita?

Com base nas análises feitas anteriormente, parece que se impõe uma observação preliminar de caráter teórico. Falei, até aqui, das relações entre *oralidade e escrita*. Pergunto-me, agora, sobre a necessidade ou oportunidade de distinguir entre duas dimensões de relações no tratamento da *língua falada* e *língua escrita*: (a) de um lado, *oralidade* e *letramento* e (b) de outro lado, *fala* e *escrita*.

Quanto a (a), tratar-se-ia de uma distinção entre **práticas sociais** tal como vistas anteriormente, e, quanto a (b), seria uma distinção entre **modalidades de uso da língua**.

A **oralidade** seria uma prática social interativa para fins comunicativos que se apresenta sob variadas formas ou gêneros textuais fundados na realidade sonora; ela vai desde uma realização mais informal à mais formal nos mais variados contextos de uso. Uma sociedade pode ser totalmente oral ou de oralidade secundária, como se expressou Ong [1982], ao caracterizar a distinção entre povos com e sem escrita. Considerando-se essa posição, nós brasileiros, por exemplo, seríamos hoje um povo de oralidade secundária, tendo em vista o intenso uso da escrita neste país.

O **letramento**, por sua vez, envolve as mais diversas práticas da escrita (nas suas variadas formas) na sociedade e pode ir desde uma apropriação mínima da escrita, tal como o indivíduo que é analfabeto, mas letrado na medida em que identifica o valor do dinheiro, identifica o ônibus que deve tomar, consegue fazer cálculos complexos, sabe distinguir as mercadorias pelas marcas etc., mas não escreve cartas nem lê jornal regularmente, até uma apropriação profunda, como no caso do indivíduo que desenvolve tratados de Filosofia e Matemática ou escreve romances. Letrado é o indivíduo que participa de forma significativa de eventos de letramento e não apenas aquele que faz um uso formal da escrita.

A **fala** seria uma forma de produção textual-discursiva para fins comunicativos na modalidade oral (situa-se no plano da oralidade, portanto), sem a necessidade de uma tecnologia além do aparato disponível pelo próprio ser humano. Caracteriza-se pelo uso da língua na sua forma de sons sistematicamente articulados e significativos, bem como os aspectos prosódicos, envolvendo, ainda, uma série de recursos expressivos de outra ordem, tal como a gestualidade, os movimentos do corpo e a mímica.[15]

---

15. Não há dúvida de que a *linguagem dos sinais* constitui um tipo de *fala*, embora não se verifique ali o componente sonoro como decisivo. Contudo, temos uma língua articulada e completamente eficiente no processo comunicativo. Som, grafia e gesto, quando tomados como a matéria básica dos elementos da representação, constituem apenas três modos diversos de representar a língua e não três línguas como tal.

A **escrita** seria um modo de produção textual-discursiva para fins comunicativos com certas especificidades materiais e se caracterizaria por sua constituição gráfica, embora envolva também recursos de ordem pictórica e outros (situa-se no plano dos letramentos). Pode manifestar-se, do ponto de vista de sua tecnologia, por unidades alfabéticas (escrita alfabética), ideogramas (escrita ideográfica) ou unidades iconográficas, sendo que no geral não temos uma dessas escritas puras.[16] Trata-se de uma modalidade de uso da língua complementar à fala.

Em certo sentido, a distinção entre *fala* e *escrita* aqui sugerida contempla, de modo particular, aspectos formais, estruturais e semiológicos, ou seja, os modos de representarmos a língua em sua condição de código. São os aspectos *sonoro* e *gráfico* que contam de modo essencial neste caso. Note-se, no entanto, que o aspecto gráfico não está aqui sendo equiparado a uma de suas formas de realização, isto é, a forma alfabética, pois a escrita abrange todos os tipos de escrita, sejam eles alfabéticos ou ideográficos, entre outros.

Logo mais vamos ampliar esta primeira visão para englobar na **fala** todas as manifestações textuais-discursivas da modalidade oral, bem como englobar na **escrita** todas as manifestações textuais-discursivas da modalidade escrita, o que nos permite estender a reflexão para aspectos discursivos e comunicativos que exorbitam o plano do meramente oral ou grafemático. Neste sentido, os termos **fala** e **escrita** passam a ser usados para designar formas e atividades comunicativas, não se restringindo ao plano do código. Trata-se muito mais de processos e eventos do que de produtos.

Hoje, são variadas as tendências dos estudos que se ocupam das relações entre fala e escrita, sem se colocar de forma explícita a questão que proponho aqui. É relevante indagar-se, com Stubbs (1986), se as relações entre fala e escrita são uniformes, constantes e universais, ou se elas são diversificadas na história, no espaço e nas línguas. A seguir, darei, resumidamente, algumas pistas para fundamentar o ponto de vista que viabiliza a distinção sugerida acima.

Veremos várias tendências de tratamento da questão, para identificar problemas e sugerir uma linha de tratamento que pode ser mais frutífera, menos comprometida com o preconceito e a desvalorização da oralidade de uma ma-

---

16. Este aspecto já vem merecendo a atenção dos pesquisadores, pois a nossa escrita alfabética está se tornando cada vez mais permeada por ideogramas e elementos visuais, tal como demonstra Marc Arabyan (2000) em sua recentíssima obra *Lire L'Image — Emission, Réception, Interprétation des Messages Visuels*. O autor, que passou um semestre na Universidade Federal de Pernambuco em 1999, analisa inclusive textos de publicidade e política brasileiros mostrando os elementos gráficos como expressivos na escrita. O autor analisa os efeitos da imagem nos textos e mostra como não ficamos imunes a elas.

neira geral. Será feita uma tentativa de evitar cair na armadilha preparada para todos os que tentam entrar na análise das relações entre oralidade e escrita. Segundo Street (1995), é difícil não sucumbir a algum dos mitos presentes nessa armadilha, mesmo quando se postula, como nós, a teoria de que a relação se funda num *continuum* e não numa dicotomia polarizada.

4. A perspectiva das dicotomias

A primeira das tendências, a de maior tradição entre os linguistas, é a que se dedica à análise das relações entre as duas modalidades de uso da língua (fala *versus* escrita) e percebe sobretudo as diferenças na *perspectiva da dicotomia*. A rigor, esta perspectiva tem matizes bem diferenciados. De um lado, temos autores linguistas como Bernstein (1971), Labov (1972), Halliday (1985, numa primeira fase), Ochs (1979), representantes das dicotomias mais polarizadas e visão restrita. De outro lado, temos autores como Chafe (1982, 1984, 1985), Tannen (1982, 1985), Gumperz (1982), Biber (1986, 1995), Blanche-Benveniste (1990), Halliday/Hasan (1989), que percebem as relações entre fala e escrita dentro de um contínuo, seja tipológico ou da realidade cognitiva e social.

No caso das dicotomias estritas, trata-se, no geral, de uma análise que se volta para o código e permanece na imanência do fato linguístico. Esta perspectiva, na sua forma mais rigorosa e restritiva, tal como vista pelos gramáticos, deu origem ao prescritivismo de uma única norma linguística tida como padrão e que está representada na denominada *norma culta*. É dela que conhecemos as dicotomias que dividem a língua falada e a língua escrita em dois blocos distintos, atribuindo-lhes propriedades típicas, tais como as que se podem ver no Quadro 1:

Quadro 1. Dicotomias estritas.

fala	*versus*	escrita
contextualizada		descontextualizada
dependente		autônoma
implícita		explícita
redundante		condensada
não planejada		planejada
imprecisa		precisa
não normatizada		normatizada
fragmentária		completa

Estas dicotomias são sobretudo fruto de uma observação fundada na natureza das condições empíricas de uso da língua (envolvendo planejamento e verbalização), e não de características dos textos produzidos. Não há preocupação alguma com os usos discursivos nem com a produção textual. Disto surgem visões distorcidas do próprio fenômeno textual. A visão chega a ser caricatural na forma como exposta no Quadro 1. Exceção a este tipo de visão encontramos nos trabalhos de Tannen (1982,1985), Gumperz (1982) e em boa parte dos estudos de Chafe (1982, 1984, 1985), bem como de Biber (1986, 1988 e 1995).

A perspectiva da dicotomia estrita oferece um modelo muito difundido nos manuais escolares, que pode ser caracterizado como a *visão imanentista* que deu origem à maioria das gramáticas pedagógicas que se acham hoje em uso. Sugere dicotomias estanques com separação entre forma e conteúdo, separação entre língua e uso e toma a língua como sistema de regras, o que conduz o ensino de língua ao ensino de regras gramaticais.

Esta visão, de caráter estritamente formal, embora dê bons resultados na descrição estritamente empírica, manifesta enorme insensibilidade para os fenômenos dialógicos e discursivos. Sua tendência é restritiva e a própria noção de regra por ela proposta é demasiado rígida. Uma de suas conclusões mais conhecidas é a que postula para a fala uma menor complexidade e uma maior complexidade para a escrita. De resto, trata-se de uma alternativa que conduz a seleções aparentemente fundadas em algum valor intrínseco aos signos linguísticos, mas, na realidade, as decisões fundam-se em critérios e mecanismos socioculturais não explícitos.

A perspectiva da dicotomia estrita tem o inconveniente de considerar a fala como o lugar do erro e do caos gramatical, tomando a escrita como o lugar da norma e do bom uso da língua. Seguramente, trata-se de uma visão a ser rejeitada.

5. A tendência fenomenológica de caráter culturalista

Uma segunda tendência é a que observa muito mais a natureza das práticas da oralidade *versus* escrita e faz análises sobretudo de cunho cognitivo, antropológico ou social e desenvolve uma fenomenologia da escrita e seus efeitos na forma de organização e produção do conhecimento. Nela situam-se algumas das observações feitas na primeira parte deste ensaio.

Denomino este paradigma como *visão culturalista*, na sua formulação forte. Este tipo de visão é pouco adequado para a observação dos fatos da língua. Na verdade, trata-se de uma perspectiva epistemológica desenvolvida sobretudo por antropólogos, psicólogos e sociólogos, tais como Walter Ong [1982],

Jack Goody [1977], Sylvia Scribner (1997), e os primeiros trabalhos de David Olson (1977), interessados em identificar as mudanças operadas nas sociedades em que se introduziu o sistema da escrita. As características centrais desta visão poderiam ser resumidas nas oposições sugeridas no Quadro 2.

Quadro 2. Visão culturalista.

cultura oral	*versus*	cultura letrada
pensamento concreto		pensamento abstrato
raciocínio prático		raciocínio lógico
atividade artesanal		atividade tecnológica
cultivo da tradição		inovação constante
ritualismo		analiticidade

Esta visão não serve para tratar relações linguísticas, já que vê a questão em sua estrutura macro (visão global) e com tendência a uma análise da formação da mentalidade dentro das atividades psico-socioeconômico-culturais de um modo amplo. Para os representantes desta perspectiva, como Olson (1977), Scribner & Cole (1981), Ong (1986, [1982]) e Goody ([1977], 1987), a escrita representa um avanço na capacidade cognitiva dos indivíduos e, como tal, uma evolução nos processos noéticos (relativos ao pensamento em geral), que medeiam entre a fala e a escrita. Esses autores têm uma grande sensibilidade para os fatos históricos e não deixam de ter razão em boa parte de suas abordagens, mas isto não significa que estejam dizendo algo de substantivo sobre as relações textuais nas duas modalidades de uso da língua. É provável que as relações de causa e efeito por eles vistas entre a cultura e o uso da escrita não estejam bem situadas.

Biber (1988), que vê criticamente esta tendência, inicia sua obra sobre as relações entre a fala e a escrita frisando, com justeza, que a introdução da escrita no mundo foi um feito notável e correspondeu à transição do "mito" para a "história" se nos apoiamos na realidade dos documentos. Foi a escrita que permitiu tornar a língua um objeto de estudo sistemático. Com a escrita criaram-se novas formas de expressão e deu-se o surgimento das formas literárias. Com a escrita surgiu a institucionalização rigorosa do ensino formal da língua como objetivo básico de toda formação individual para enfrentar as demandas das sociedades ditas letradas.

Não há, pois, como negar que a escrita trouxe imensas vantagens e consideráveis avanços para as sociedades que a adotaram, mas é forçoso admitir que ela *não possui algum valor intrínseco absoluto*. Trata-se, sobretudo, do lugar especial que as sociedades ditas letradas reservaram a essa forma de expressão que a tornou tão relevante e quase imprescindível na vida contemporânea.

Numa extensa análise crítica à perspectiva culturalista de engrandecimento da escrita, Gnerre (1985) detecta nos autores ligados a essas correntes de pensamento alguns problemas que podem ser resumidos basicamente em três pontos:

- *etnocentrismo*;
- *supervalorização da escrita*;
- *tratamento globalizante*.

O *etnocentrismo* diz respeito a uma forma de ver as culturas alienígenas a partir da própria cultura e valorizar aspectos dentro de uma perspectiva em que se situa o autor. Tal teria sido o caso de Olson (1977)[17] que, além de ter procedido a "uma esquematização extrema da história social da escrita" (Gnerre, 1985: 62), também teria agido como se a introdução da escrita significasse automaticamente a alfabetização da sociedade inteira. O certo é que "a escrita foi controlada essencialmente por grupos reduzidos e as 'culturas orais' existiram lado a lado com as tradições escritas dos grupos de elite". Acertadamente lembra Tfouni (1988) que as formas de raciocínio das camadas ditas analfabetas não são completamente diversas das camadas alfabetizadas, já que o letramento é um processo que penetra a sociedade independentemente da própria escolarização formal.

A *supervalorização da escrita*, sobretudo a escrita alfabética, leva a uma posição de supremacia das culturas com escrita ou até mesmo dos grupos que dominam a escrita dentro de uma sociedade desigualmente desenvolvida. Separa as culturas civilizadas das primitivas. Este aspecto deu origem a hipóteses muito fortes sobre a escrita, criando "uma visão quase mítica sobre a escrita". A escrita seria a responsável pelo surgimento do raciocínio silogístico, tendo em vista o fato de ela contribuir essencialmente para a descontextualização dos significados que criariam autonomia ao passarem da "cabeça" para o "texto no papel", fazendo assim surgir a descentralização do pensamento que passaria do concreto para o abstrato. Daí a impressão de autonomia da escrita.

Essa *forma globalizante* de ver a escrita ressente-se da desatenção para o fato de que não existem "sociedades letradas", mas sim *grupos de letrados*,

---

17. Em relação a Olson, ainda será notado adiante que em seu último livro intitulado *O Mundo no Papel — As Implicações Conceituais e Cognitivas da Leitura e da Escrita*, de 1997, acha-se uma surpreendente revisão de muitas de suas posições, em especial aquelas que postulavam a dicotomia mais estrita e a "grande divisão" do ponto de vista cognitivo.

elites que detêm o poder social, já que as sociedades não são fenômenos homogêneos, globais, mas apresentam diferenças internas. Não é necessária uma análise muito minuciosa; basta dar uma olhada em nosso entorno para constatar que a "sociedade brasileira" não é homogênea em relação ao letramento. Por outro lado, várias das postulações acima não passam de crenças já desmontadas pela investigação contemporânea na área.

6. A perspectiva variacionista

Uma terceira tendência, talvez intermediária entre as duas anteriores, mas isenta da maioria dos problemas de ambas, é a que trata do papel da escrita e da fala sob o ponto de vista dos processos educacionais e faz propostas específicas a respeito do tratamento da variação na relação entre padrão e não padrão linguístico nos contextos de ensino formal. Aqui se situam os modelos teóricos preocupados com o que se vem denominando *currículo bidialetal*, por exemplo. São estudos que se dedicam a detectar as variações de usos da língua sob sua forma dialetal e socioletal. É uma variante da primeira visão, mas com grande sensibilidade para os conhecimentos dos indivíduos que enfrentam o ensino formal.

Neste paradigma não se fazem distinções dicotômicas ou caracterizações estanques, verifica-se a preocupação com regularidades e variações. Aqui a língua é observada com rigor metodológico mais adequado que em ambos os casos anteriores. De certo modo, nessa tendência podem-se construir as distinções vistas no Quadro 3.

Quadro 3. A perspectiva variacionista.

fala e escrita apresentam	
língua padrão	variedades não padrão
língua culta	língua coloquial
norma padrão	normas não padrão

Notável nessa tendência é o fato de não se fazer uma distinção entre fala e escrita, mas sim uma observação de variedades linguísticas distintas. Todas as variedades submetem-se a algum tipo de norma. Mas como nem todas as normas podem ser padrão, uma ou outra delas será tida como *norma padrão*. A decisão é muito menos linguística do que ideológica, postulam esses teóricos.

No Brasil, temos seguidores desta linha, entre os quais se situam Bortoni (1992, 1995), Kleiman (1995) e, numa perspectiva um pouco diversa, mas dentro do mesmo espírito, acha-se Soares (1986). Simpatizo grandemente com esta perspectiva, mas não me parece que a questão esteja resolvida. Sociolinguistas como Trudgill (1975) e Labov (1972)[18] já apontavam para a impossibilidade de um desempenho **bidialetal**. O que se pode fazer, sem postular as posições de Bernstein (1971), é imaginar a possibilidade de um domínio do dialeto padrão na atividade de escrita e continuar no dialeto não padrão no desempenho oral.

Stubbs (1986) também sugere que poderíamos ver as relações entre fala e escrita, em contextos educacionais, como um problema de variação linguística. Na verdade, trata-se de um aspecto amplamente admitido hoje, já que as línguas não são homogêneas nem uniformes sob o ponto de vista de seu uso (veja Milroy, 1992). E as relações fala e escrita dizem respeito a questões de uso da língua. O interessante nesta perspectiva é que a variação se daria tanto na fala como na escrita, o que evitaria o equívoco de identificar a língua escrita com a padronização da língua, ou seja, impediria identificar a escrita como equivalente à língua padrão, como fazem os autores situados na perspectiva da dicotomia estrita.

Minha posição é a de que fala e escrita não são propriamente dois **dialetos**, mas sim duas modalidades de uso da língua, de maneira que o aluno, ao dominar a escrita, se torna **bimodal**.[19] Fluente em dois modos de uso e não simplesmente em dois dialetos. Mas esta questão é demasiado complexa para ser tratada neste espaço.

7. A perspectiva sociointeracionista

Uma quarta perspectiva, que a rigor não forma um conjunto teórico sistemático e coerente, mas representa uma série de postulados um tanto desconexos e difusos, seria a que trata das relações entre fala e escrita dentro da perspectiva dialógica. Caracterizo-a como *visão sociointeracionista* e seus fundamentos centrais baseiam-se na percepção oferecida no Quadro 4.

---

18. É bom não esquecer, numa abordagem mais técnica, que Labov é um sociolinguista variacionista que pouco tem a ver com a sociolinguística tal como postulada por Bernstein, por exemplo. Labov não tem interesse direto no ensino nem na questão da norma dialetal. O problema dele é identificar as razões e os fatores que contribuem para a variação e pouco lhe interessa qual a variedade a ser adotada no ensino.

19. Observações sistemáticas a este respeito fiz em livro que deverá sair com o título: *O Tratamento da Oralidade no Ensino de Língua*.

Quadro 4. Perspectiva sociointeracionista.

fala e escrita apresentam
dialogicidade
usos estratégicos
funções interacionais
envolvimento
negociação
situacionalidade
coerência
dinamicidade

Este modelo tem a vantagem de perceber com maior clareza a língua como fenômeno interativo e dinâmico, voltado para as atividades dialógicas que marcam as características mais salientes da fala, tais como as estratégias de formulação em tempo real. Para Street (1995: 162), essa tendência em direção à análise (crítica) do discurso unida à investigação etnográfica poderia ser uma das melhores saídas para a observação do letramento e da oralidade como práticas sociais.

Contudo, pode-se dizer que esta perspectiva, mesmo que livre dos problemas ideológicos e preconceitos das anteriores, padece de um baixo potencial explicativo e descritivo dos fenômenos sintáticos e fonológicos da língua, bem como das estratégias de produção e compreensão textual. A rigor, esses fenômenos fogem aos interesses de tais teorias. Por isso, a proposta geral, se concebida na fusão com a visão variacionista e com os postulados da Análise da Conversação etnográfica aliados à Linguística de Texto, poderia dar resultados mais seguros e com maior adequação empírica e teórica. Talvez seja esse o caminho mais sensato no tratamento das correlações entre formas linguísticas (dimensão linguística), contextualidade (dimensão funcional), interação (dimensão interpessoal) e cognição no tratamento das semelhanças e diferenças entre fala e escrita nas atividades de formulação textual-discursiva.

Nesta visão interacionista cabem análises de grande relevância que se dedicam a perceber as diversidades das formas textuais produzidas em co-autoria (conversações) e formas textuais em monoautoria (monólogos), que até certo ponto determinam as preferências básicas numa das perspectivas da relação fala e escrita. Além disso, tem-se, aqui, a possibilidade de tratar os fenômenos de compreensão na interação face a face e na interação entre leitor e texto escrito, de maneira a detectar especificidades na própria atividade de construção dos sentidos. Como se observa, esta perspectiva orienta-se numa linha discursiva e interpretativa.

Muito fortemente representada no Brasil, esta linha tem entre seus seguidores mais representativos Preti (1991, 1993), Koch (1992), Marcuschi (1986, 1992, 1995), Kleiman (1995a), Urbano (2000) e muitos outros presentes nas obras editadas por Preti (1993, 1994, 1998 e 2000). Esta perspectiva tem grande sensibilidade para as estratégias de organização textual-discursiva preferencial na modalidade falada e escrita.[20]

A perspectiva interacionista preocupa-se com os processos de produção de sentido tomando-os sempre como situados em contextos sócio-historicamente marcados por atividades de negociação ou por processos inferenciais. Não toma as categorias linguísticas como dadas *a priori,* mas como construídas interativamente e sensíveis aos fatos culturais. Preocupa-se com a análise dos gêneros textuais e seus usos em sociedade. Tem muita sensibilidade para fenômenos cognitivos e processos de textualização na oralidade e na escrita, que permitem a produção de coerência como uma atividade do leitor/ouvinte sobre o texto recebido.

Uma visão de algumas das preocupações desta linha de trabalho pode ser obtida do proveitoso trabalho de Koch (1992) que trata da interação realizada na fala e na escrita, bem como nos estudos de Koch (1997) sobre a construção de sentidos na atividade textual-discursiva. Além disso, exemplo típico desta tendência é o que se acha no meu ensaio sobre a retextualização na segunda parte deste livro.

Em conclusão a estas observações, pode-se dizer que discorrer sobre as relações entre oralidade/letramento e fala/escrita não é referir-se a algo consensual nem mesmo como objeto de análise. Trata-se de fenômenos de fala e escrita enquanto relação entre fatos linguísticos (relação fala-escrita) e enquanto relação entre práticas sociais (oralidade *versus* letramento). As relações entre fala e escrita não são óbvias nem lineares, pois elas refletem um constante dinamismo fundado no *continuum* que se manifesta entre essas duas modalidades de uso da língua. Também não se pode postular polaridades estritas e dicotomias estanques.

O curioso é que, no geral, quem se dedica aos estudos da relação entre língua falada e língua escrita, sempre trabalha o *texto falado* e raramente analisa a língua escrita. No entanto, suas observações são muitas vezes sob a ótica da escrita. Por outro lado, as afirmações feitas sobre a escrita fundam-se na gramática codificada e não na língua escrita enquanto texto e discurso. Em suma, o

---

20. Trabalho sistemático na análise da língua falada vem sendo desenvolvido pelo grupo dedicado aos estudos da organização textual-discursiva na fala (coordenado por Ingedore V. Koch), no contexto do projeto da "Gramática do Português Falado", dirigido por A. de Castilho (cf. Castilho, 1990, 1993; Ilari, 1992; Castilho & Basílio, 1996; Koch, 1996; Kato, 1996; Neves, 1999).

que conhecemos não são nem as características da fala como tal nem as características da escrita; *o que conhecemos são as características de um sistema normativo da língua*.

8. Aspectos relevantes para a observação da relação fala e escrita

A língua, seja na sua modalidade falada ou escrita, reflete, em boa medida, *a organização da sociedade*. Isso porque a própria língua mantém complexas relações com as representações e as formações sociais. Não se trata de um espelhamento, mas de uma funcionalidade em geral mais visível na fala. É por isso que podemos encontrar muitos correlatos entre variação sociolinguística e variação sociocultural. Análises interessantes sob este aspecto são as oferecidas por Duranti (1997) em sua obra sobre *antropologia linguística*, ao frisar que a língua é uma parte da cultura, mas uma parte tão decisiva que a cultura se molda na língua. No entanto, seria equivocado ver uma homologia entre língua e cultura, pois conhecer uma não equivale a conhecer a outra.

Na tradição filosófica ocidental, nos acostumamos a distinguir entre *natureza* e *cultura*, atribuindo à cultura tudo aquilo que não se dá naturalmente. No entanto, hoje, esta distinção está cada vez mais difícil de ser mantida, como, de resto, acontece com todas as dicotomias. O certo é que, como lembra Duranti (1997), a cultura é um dado que torna o ser humano especial no contexto dos seres vivos. Mas, o que o torna ainda mais especial é o fato de ele dispor de uma linguagem simbólica articulada que é muito mais do que um sistema de classificação, pois é também uma prática que permite que estabeleçamos crenças e pontos de vista diversos ou coincidentes sobre as mesmas coisas. Daí ser a língua um ponto de apoio e de emergência de consenso e dissenso, de harmonia e luta. Não importa se na modalidade escrita ou falada. Podemos observar que a construção de categorias para a reflexão teórica ou para a classificação são tanto um reflexo **da** linguagem como se refletem **na** linguagem e são sempre construídas interativamente dentro de uma sociedade.

Na perspectiva aqui defendida, seria útil ter presente que, assim como a fala não apresenta propriedades intrínsecas negativas, também a escrita não tem propriedades intrínsecas privilegiadas. São modos de representação cognitiva e social que se revelam em práticas específicas. Postular algum tipo de *supremacia* ou superioridade de alguma das duas modalidades seria uma visão equivocada, pois não se pode afirmar que a fala é superior à escrita ou vice-versa. Em primeiro lugar, deve-se considerar o aspecto que se está comparando e, em segundo, deve-se considerar que esta relação não é homogênea nem constante.

Do ponto de vista *cronológico*, como já observou detidamente Stubbs (1980), a fala tem uma grande precedência sobre a escrita, mas do ponto de vista do *prestígio social*, a escrita é vista como mais prestigiosa que a fala. Não se trata, porém, de algum critério intrínseco nem de parâmetros linguísticos e sim de postura *ideológica*. Por outro lado, há culturas em que a fala é mais prestigiosa que a escrita.

Mesmo considerando a enorme e inegável importância que a escrita tem nos povos e nas civilizações "letradas", continuamos, como bem observou Ong [1982], povos orais. A oralidade jamais desaparecerá e sempre será, ao lado da escrita, o grande meio de expressão e de atividade comunicativa. A oralidade enquanto prática social é inerente ao ser humano e não será substituída por nenhuma outra tecnologia. Ela será sempre a porta de nossa iniciação à racionalidade e fator de identidade social, regional, grupal dos indivíduos. Isso se dá de modo particular porque a língua é socialmente moldada e desenvolvida, não obstante seu provável caráter filogeneticamente universal, como postulam muitos linguistas e psicólogos.

A escrita, por sua vez, pelo fato de ser pautada pelo padrão, não é estigmatizadora e não serve como fator de identidade individual ou grupal. Isso, a menos que se sirva, como na literatura regional, de traços da realidade linguística regional[21] ou apresente características estilísticas tão peculiares que permitem a identificação de autoria. Mas isto não ocorre com todos os gêneros textuais. Por exemplo, não se pode chegar a identificações individuais de autoria na maioria dos textos de um jornal diário. Enquanto a fala pode facilmente levar à estigmatização do indivíduo, com a escrita isso acontece bem menos. Parece que a fala, por atestar a variação e em geral pautar-se por algum desvio da norma, tem caráter identificador. É possível que identidade seja um tipo de desvio da norma-padrão.

Ponha-se um grupo de indivíduos letrados a escrever um texto sobre o mesmo tema, por exemplo, "a inflação na vida do brasileiro", e então observem-se seus textos. É provável que suas *opiniões* sejam objeto de discussão, mas eles não serão estigmatizados ou categorizados pela linguagem como tal, a menos que violem normas muito específicas. No entanto, se pedirmos aos mesmos indivíduos que "falem" seus textos, ou os produzam oralmente, teremos diferenças e até avaliações que não se deverão ao conteúdo e sim a uma particular forma de "falar" o conteúdo.

Do ponto de vista dos *usos* quotidianos da língua, constatamos que a oralidade e a escrita não são responsáveis por domínios estanques e dicotômicos. Há práti-

---

21. Valeria a pena perguntar-se porque a literatura de cordel identifica de modo tão nítido o nordestino. Também é interessante indagar-se em que partes de suas obras Graciliano Ramos e José Américo de Almeida ou José Lins do Rego são identificados como literatura nordestina. Com certeza não são seus temas, mas sim os diálogos de suas personagens.

cas sociais mediadas preferencialmente pela escrita e outras pela tradição oral. Tomemos o caso típico da área jurídica. Ali é intenso e rígido o uso da escrita, já que a Lei deve ser tomada *ao pé da letra*. Contudo, precisamente a área jurídica faz um uso intenso e extenso das práticas orais nos tribunais, o que comprova que numa mesma área discursiva e numa mesma comunidade de práticas convivem duas tradições diversas, ambas fortemente marcadas. Isso sugere ser inadequado distinguir entre sociedades letradas e iletradas de forma dicotômica. *Oralidade e escrita são duas práticas sociais e não duas propriedades de sociedades diversas.*

O cerne das confusões na identificação e avaliação de semelhanças e diferenças entre a fala e a escrita acha-se, em parte, no enfoque enviesado e até preconceituoso a que a questão foi geralmente submetida e, em parte, na metodologia inadequada que resultou em visões bastante contraditórias. *A fala tem sido vista na perspectiva da escrita e num quadro de dicotomias estritas porque predominou o paradigma teórico da análise imanente ao código.* Enquanto a escrita foi tomada pela maioria dos estudiosos como estruturalmente elaborada, complexa, formal e abstrata, a fala era tida como concreta, contextual e estruturalmente simples (cf. Chafe, 1982; Ochs, 1979; Kroll & Vann, 1981). Contudo, há os que julgam que a fala é mais complexa que a escrita (cf. Halliday, 1979 e Poole & Field, 1976). Biber (1986, 1988, 1997) mostrou com clareza que nada é claro e conclusivo nesse terreno.

Uma primeira observação a ser feita é a que diz respeito à própria visão comparativa da relação entre fala e escrita. Quando se olha para a escrita tem-se a impressão de que se está contemplando algo *naturalmente* claro e definido. Tudo se passa como se ao nos referirmos à escrita estivéssemos apontando para um fenômeno se não homogêneo, pelo menos bastante estável e com pouca variação. O contrário acorre com a consciência espontânea que se desenvolveu a respeito da fala. Esta se apresenta como variada e, curiosamente, não nos vem à mente em primeira mão a fala padrão. É o caso de dizer que fala e escrita são intuitivamente construídas como *tipos ideais* concebidos com princípios opostos e que não correspondem a realidade alguma, a menos que identifiquemos um fenômeno que as realize.

A hipótese que defendemos supõe que: *as diferenças entre fala e escrita se dão dentro do continuum tipológico das práticas sociais de produção textual e não na relação dicotômica de dois pólos opostos.* Em consequência, temos a ver com correlações em vários planos, surgindo daí um *conjunto de variações* e não uma simples variação linear. O gráfico 1 dá uma noção esquemática dessa postura.[22]

---

22. Para algumas das observações a seguir e mesmo para a montagem deste gráfico, baseei-me em Koch & Österreicher (1990).

Gráfico 1. Fala e escrita no contínuo dos gêneros textuais.

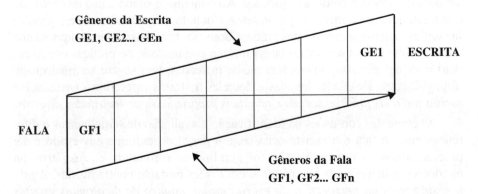

Neste gráfico, temos dois domínios linguísticos (fala e escrita) em que se encontram os gêneros textuais (G), observando-se que tanto a fala como a escrita se dão em *dois contínuos*:

• na linha dos gêneros textuais (*GF1, GF2... GFn e GE1, GE2... GEn*);
• na linha das características específicas de cada modalidade.

Assim, um determinado gênero da fala (GF), por exemplo, uma conversação espontânea, seria o **GF1** e representaria uma espécie de *protótipo* da modalidade, não sendo aconselhável compará-lo com um gênero escrito (GE), tal como o **GE1** que seria o protótipo da escrita, por exemplo, uma conferência acadêmica num congresso. Na realidade, temos uma série de textos produzidos em condições naturais e espontâneas nos mais diversos domínios discursivos das duas modalidades. Os textos se entrecruzam sob muitos aspectos e por vezes constituem domínios mistos. Observe-se o caso dos textos de um noticiário televisivo. Trata-se de textos originalmente escritos que o leitor só recebe oralmente. A questão é: o noticiário de televisão é um evento de oralidade ou letramento?

Por outro lado, temos certos eventos muito comuns, tais como uma aula expositiva, que em parte se compõe de leituras que o professor faz e de comentários que lhes acrescenta e, em parte, são exposições originais sem um texto escrito prévio base. No entanto, tratamos uma aula como um evento tipicamente oral. Há gêneros que se aproximam da oralidade pelo tipo de linguagem e pela natureza da relação entre os indivíduos, por exemplo, as cartas íntimas e pessoais. Isso já não ocorre no caso das cartas comerciais ou cartas abertas.

Um dos aspectos centrais nesta questão é a impossibilidade de situar a oralidade e a escrita em sistemas linguísticos diversos, de modo que ambas fazem parte do mesmo sistema da língua. São, portanto, realizações de uma gramática única, mas que do ponto de vista semiológico podem ter peculiaridades com diferenças acentuadas, de tal modo que a escrita não representa a fala. Além disso, os textos orais têm uma realização multissistêmica (palavras, gestos, mímica etc.) e os textos escritos também não se circunscrevem apenas ao alfabeto (envolvem fotos, ideogramas, por exemplo, os ícones do computador, e grafismos de todo tipo). Fique, pois, claro que não postulamos uma simetria de representação e sim uma simetria sistêmica no aspecto central das articulações estritamente linguísticas. Não mais do que isso.

O Gráfico 2 dá uma ideia das relações mistas dos gêneros a partir de alguns postulados, tais como: *meio* e *concepção*, tendo em vista que a fala é de concepção oral e meio sonoro, ao passo que a escrita é de concepção escrita e meio gráfico. Na apresentação do gráfico, temos que "a" é o domínio do tipicamente *falado* (*oralidade*), seja quanto ao meio e quanto à concepção. Já a sua contraparte seria, por exemplo, o domínio "d" correspondente ao tipicamente *escrito*. Por outro lado, tanto "b" como "c" constituem os domínios mistos em que se dariam as mesclagens de modalidades.

Considerando as duas perspectivas e suas formas de realização, temos:

a) meio de produção: sonoro *versus* gráfico

b) concepção discursiva: oral *versus* escrita

Com base nisto, podemos ter a seguinte distribuição:

Gráfico 2. Representação da oralidade e escrita pelo meio de produção e concepção discursiva

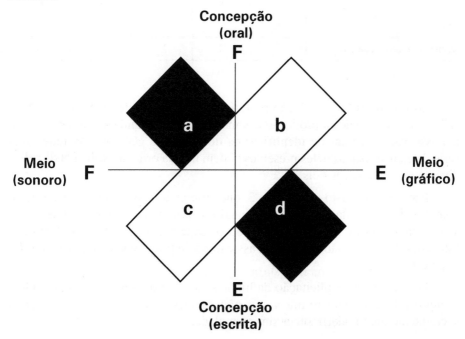

Se tomarmos quatro gêneros diversos, tais como:
- conversação espontânea
- artigo científico
- notícia de TV
- entrevista publicada na Revista *Veja*

e considerarmos os aspectos sugeridos no Gráfico 2, veremos que eles se situam em pontos bastante diferentes, tendo em vista o que está representado na grade do Quadro 5, pois eles não têm a mesma relação com esses parâmetros.

Quadro 5. Distribuição de quatro gêneros textuais de acordo com o meio de produção e a concepção discursiva

Gênero textual	Meio de produção		Concepção discursiva		Domínio
	Sonoro	Gráfico	Oral	Escrita	
Conversação espontânea	X		X		a
Artigo científico		X		X	d
Notícia de TV	X			X	c
Entrevista publicada na *Veja*		X	X		b

Os domínios "a" e "d" são prototípicos, ao passo que os domínios "b" e "c" são mistos e neles a produção e o meio são de modalidades diversas. Nem por isso vamos deixar de identificar os dois últimos gêneros. Contudo, uma série de características neles presentes podem ter sua origem explicada de modo diverso que nos outros dois.

Isto pode ser visto no Gráfico 3, que apresenta o contínuo dos gêneros no contexto da Fala e da Escrita, sublinhando o "*balão*" intermediário que representa gêneros tidos como "mistos" sob os aspectos analisados no Quadro 5. Situações deste tipo são muitas e o assunto não é tratado pelos manuais de língua portuguesa.

Uma primeira explicitação da hipótese aqui postulada e que contempla a relação fala e escrita numa visão não dicotômica sob o ponto de vista sociointeracional poderia ser assim formulada:

ORALIDADE E LETRAMENTO

Gráfico 3. Representação do contínuo dos gêneros textuais na fala e na escrita.

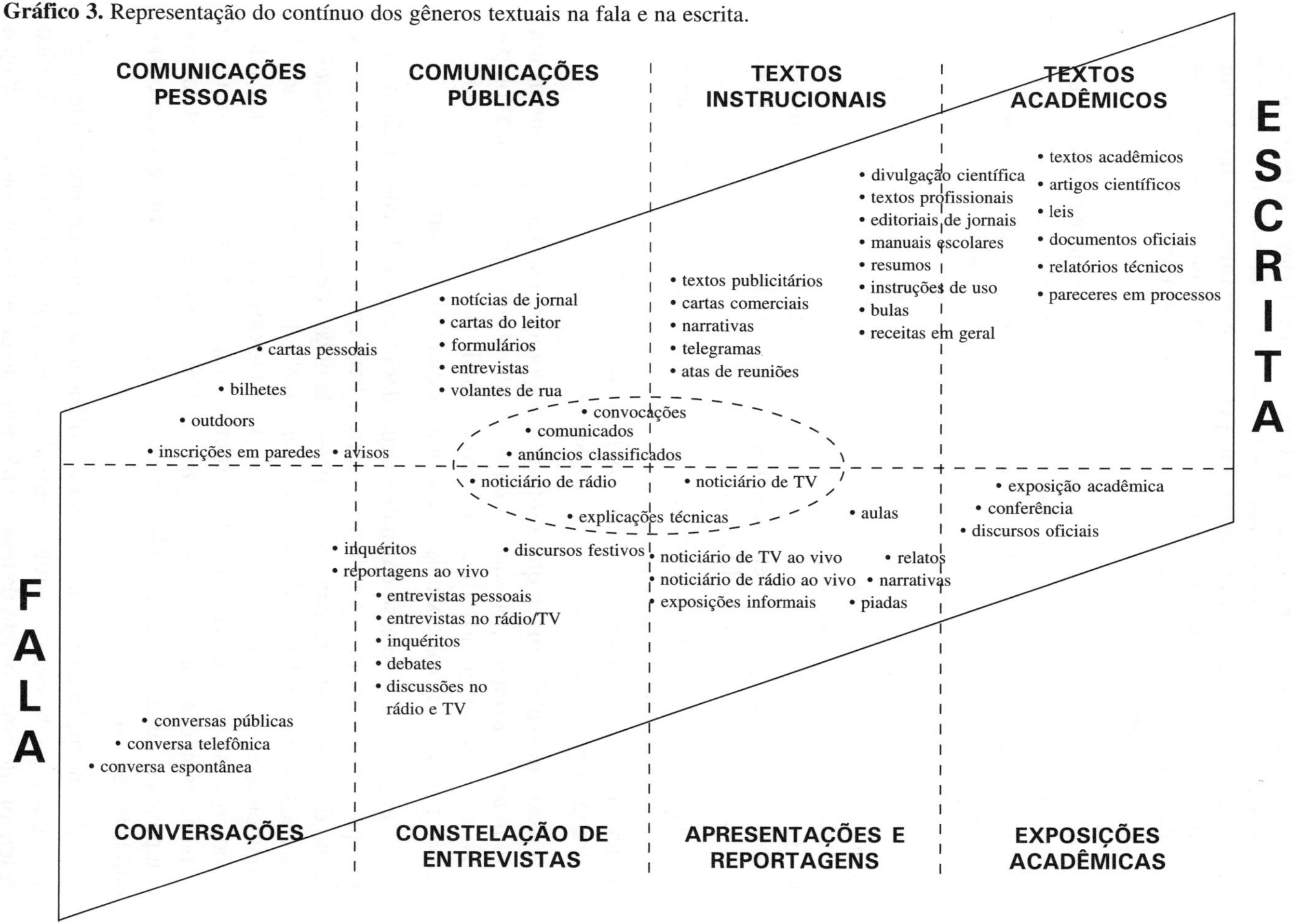

ESCRITA

COMUNICAÇÕES PESSOAIS | **COMUNICAÇÕES PÚBLICAS** | **TEXTOS INSTRUCIONAIS** | **TEXTOS ACADÊMICOS**

- textos acadêmicos
- artigos científicos
- leis
- documentos oficiais
- relatórios técnicos
- pareceres em processos

- divulgação científica
- textos profissionais
- editoriais de jornais
- manuais escolares
- resumos
- instruções de uso
- bulas
- receitas em geral

- notícias de jornal
- cartas do leitor
- formulários
- entrevistas
- volantes de rua

- textos publicitários
- cartas comerciais
- narrativas
- telegramas
- atas de reuniões

- cartas pessoais

- bilhetes
- outdoors
- inscrições em paredes
- avisos

- convocações
- comunicados
- anúncios classificados
- noticiário de rádio

- noticiário de TV

- exposição acadêmica
- conferência
- discursos oficiais

- explicações técnicas
- noticiário de TV ao vivo
- noticiário de rádio ao vivo
- exposições informais

- aulas
- relatos
- narrativas
- piadas

- inquéritos
- reportagens ao vivo
- entrevistas pessoais
- entrevistas no rádio/TV
- inquéritos
- debates
- discussões no rádio e TV

- discursos festivos

- conversas públicas
- conversa telefônica
- conversa espontânea

CONVERSAÇÕES | **CONSTELAÇÃO DE ENTREVISTAS** | **APRESENTAÇÕES E REPORTAGENS** | **EXPOSIÇÕES ACADÊMICAS**

FALA

O *contínuo dos gêneros* textuais distingue e correlaciona os textos de cada modalidade (fala e escrita) quanto às estratégias de formulação que determinam o *contínuo das características* que produzem as variações das estruturas textuais-discursivas, seleções lexicais, estilo, grau de formalidade etc., que se dão num *contínuo de variações*, surgindo daí semelhanças e diferenças ao longo de *contínuos sobrepostos*.

Com isto, descobrimos que, comparando uma carta pessoal em estilo descontraído com uma narrativa oral espontânea, haverá menos diferenças do que entre a narrativa oral e um texto acadêmico escrito. Por outro lado, uma conferência universitária preparada com cuidado terá maior semelhança com textos escritos do que com uma conversação espontânea.

Veja-se, por exemplo, como no Gráfico 3 fica claro o equívoco de muitos autores que consideram a fala como *dialogada* e a escrita como *monologada*, confundindo uma das formas de textualização da fala com a própria modalidade. Basta observar o agrupamento e a distribuição dos gêneros textuais representados no gráfico para perceber como a distribuição das modalidades é muito mais complexa do que se poderia imaginar.

Também a ideia de *planejamento* não pode ser tida como uma característica de uma das duas modalidades. Biber (1988) referiu-se a essas impropriedades analíticas como *equívocos metodológicos* que levaram os autores a posições contrárias a propósito dos mesmos problemas.

Isto equivale a dizer que tanto a fala como a escrita apresentam um *continuum de variações*, ou seja, *a fala varia e a escrita varia*. Assim, a comparação deve tomar como critério básico de análise uma relação fundada no *continuum* dos gêneros textuais para evitar as dicotomias estritas.

Certamente, o sucesso da análise dependerá também da concepção de língua que fundamentará a perspectiva teórica, bem como da ideia de funcionamento da língua. No presente caso, parte-se da noção de *funcionamento da língua* como fruto também das *condições de produção*, ou seja, da atividade de produtores/receptores de textos situados em contextos reais e submetidos a decisões que seguem estratégias nem sempre dependentes apenas do que se convencionou chamar de *sistema linguístico*. Daí a necessidade de se adotar um componente funcional para analisar a relação fala *versus* escrita enquanto modalidades de uso.

A concepção de *sistema*, tal como utilizada aqui, não deveria conter mais do que a noção básica de estrutura virtual, ou seja, constructo abstrato e teórico desenvolvido como objeto da teoria e não tomado como fato empírico. A *língua* se realiza essencialmente como heterogeneidade e variação e não como sistema único e abstrato.

Com isso, toda vez que emprego a palavra *língua* não me refiro a um sistema de regras determinado, abstrato, regular e homogêneo, nem a relações linguísticas imanentes. Ao contrário, minha concepção de língua pressupõe um fenômeno *heterogêneo* (com múltiplas formas de manifestação), *variável* (dinâmico, suscetível a mudanças), *histórico e social* (fruto de práticas sociais e históricas), *indeterminado* sob o ponto de vista semântico e sintático (submetido às condições de produção) e que se manifesta em situações de uso concretas como *texto e discurso*. Portanto, *heterogeneidade* e *indeterminação* acham-se na base da concepção de língua aqui pressuposta (cf. obs. a respeito em Franchi, 1977).

Os sentidos e as respectivas formas de organização linguística dos textos se dão no uso da língua como atividade situada. Isto se dá na mesma medida, tanto no caso da fala como da escrita. Em ambos os casos temos a contextualização como necessária para a produção e a recepção, ou seja, para o funcionamento pleno da língua. Literalidade e não literalidade dos itens linguísticos e dos enunciados são aspectos que não podem ser definidos *a priori*, mas em contextos de uso.

Com base nessa concepção, fica de antemão eliminada uma série de distinções geralmente feitas entre fala e escrita, tais como a *contextualização (na fala) versus descontextualização (na escrita), implicitude (na fala) versus explicitude (na escrita)* e assim por diante, o que mostra nossa diferença em relação a certos modelos analisados anteriormente.

Em suma, partindo da noção de língua e funcionamento da língua tal como concebidos aqui, surge, como hipótese forte, a suposição de que as diferenças entre fala e escrita podem ser frutiferamente vistas e analisadas na perspectiva do *uso* e não do *sistema*. E, neste caso, a determinação da relação fala-escrita torna-se mais congruente levando-se em consideração não o código, mas os usos do código. Central, neste caso, é a eliminação da dicotomia estrita e a sugestão de uma diferenciação gradual ou escalar.

CAPÍTULO II

DA FALA PARA A ESCRITA: PROCESSOS DE RETEXTUALIZAÇÃO

1. De que se trata?

Tal como apontado no primeiro capítulo deste livro, nos últimos anos intensificaram-se os estudos sobre a relação entre língua falada e língua escrita. Os resultados das investigações, embora ainda limitados e bastante dispersos, vêm mostrando que a questão é complexa e variada. Evitando repetir o que já foi exposto sobre o problema, pode-se dizer que os achados mais notáveis indicam que:

- as semelhanças são maiores do que as diferenças tanto nos aspectos estritamente linguísticos quanto nos aspectos sociocomunicativos (as diferenças estão mais na ordem das preferências e condicionamentos);
- as relações de semelhanças e diferenças não são estanques nem dicotômicas, mas contínuas ou pelo menos graduais (considerando-se que o controle funcional do contínuo acha-se no plano discursivo);
- as relações podem ser mais bem compreendidas quando observadas no contínuo (ou na grade) dos gêneros textuais (que em boa medida se dão em relações de contrapartes, ocorrendo, em grau significativo, gêneros similares nas duas modalidades);
- muitas das características diferenciais atribuídas a uma das modalidades são propriedades da língua (por exemplo, contextualização/descontextualização; envolvimento/distanciamento);
- não há qualquer diferença linguística notável que perpasse o contínuo de toda a produção falada ou de toda produção escrita, caracterizando uma das duas modalidades (pois as características não são categóricas nem exclusivas);

- tanto a fala como a escrita, em todas as suas formas de manifestação textual, são normatizadas (não se pode dizer que a fala não segue normas por ter enunciados incompletos ou por apresentar muitas hesitações, repetições e marcadores não lexicalizados);
- tanto a fala como a escrita não operam nem se constituem numa única dimensão expressiva mas são multissistêmicas (por exemplo, a fala serve-se da gestualidade, mímica, prosódia etc.; e a escrita serve-se da cor, tamanho, forma das letras e dos símbolos, como também de elementos logográficos, icônicos e pictóricos, entre outros, para fins expressivos);
- uma das características mais notáveis da escrita está na ordem ideológica da avaliação sociopolítica em sua relação com a fala e na maneira como nos apropriamos dela para estabelecer, manter e reproduzir relações de poder, não devendo ser tomada como intrinsecamente "libertária".

A listagem poderia prosseguir, indicando essencialmente que a visão dicotômica da relação entre fala e escrita não mais se sustenta. O certo é que a escrita não representa a fala, seja sob que ângulo for que a observemos. Justamente pelo fato de fala e escrita não se recobrirem podemos relacioná-las, compará-las, mas não em termos de superioridade ou inferioridade. Fala e escrita são diferentes, mas as diferenças não são polares e sim graduais e contínuas. São duas alternativas de atualização da língua nas atividades sociointerativas diárias.

Partindo dessas posições, busca-se construir aqui um modelo para analisar o grau de consciência dos usuários da língua a respeito das diferenças entre fala e escrita observando a própria atividade de transformação. Serão identificadas as operações mais comuns realizadas na passagem do texto falado para o texto escrito. Esta passagem ou transformação é uma das formas de realizar o que denomino *retextualização*.[23]

A *retextualização*, tal como tratada neste ensaio, não é um processo mecânico, já que a passagem da fala para a escrita não se dá naturalmente no plano dos processos de textualização. Trata-se de um processo que envolve operações complexas que interferem tanto no código como no sentido e evidenciam uma série de aspectos nem sempre bem-compreendidos da relação oralidade-escrita.

---

23. A expressão *retextualização* foi empregada por Neusa Travaglia (1993) em sua tese de doutorado sobre a tradução de uma língua para outra. O uso do termo *retextualização*, tal como feito aqui, se recobre apenas parcialmente com aquele feito por Travaglia, na medida em que aqui também se trata de uma "tradução", mas de uma modalidade para outra, permanecendo-se, no entanto, na mesma língua. Igualmente poderíamos usar as expressões *refacção* e *reescrita*, como o fazem Raquel S. Fiad e Maria Laura Mayrink-Sabison (1991) e Maria Bernadete Abaurre et al. (1995), que observam aspectos relativos às mudanças de um texto no seu interior (uma escrita para outra, reescrevendo o mesmo texto) sem envolver as variáveis que incidem no caso da retextualização como tratada neste estudo, preocupado essencialmente com a passagem da fala para a escrita.

Assim, para evitar mal-entendidos, faz-se necessária uma observação preliminar em relação ao que está em jogo nestas atividades. Em hipótese alguma se trata de propor a passagem de um texto supostamente "descontrolado e caótico" (o texto falado) para outro "controlado e bem-formado" (o texto escrito). Fique claro, desde já, que o *texto oral está em ordem* na sua formulação e no geral não apresenta problemas para a compreensão. Sua passagem para a escrita vai receber interferências mais ou menos acentuadas a depender do que se tem em vista, mas não por ser a fala insuficientemente organizada. Portanto, *a passagem da fala para a escrita não é a passagem do caos para a ordem: é a passagem de uma ordem para outra ordem.*

À primeira vista, a questão afigura-se como artificial e parece ocorrer apenas em exercícios acadêmicos ou escolares mas, como se verá em seguida, ela é fato comum na vida diária. Muitas vezes, praticamos ações linguísticas bastante complexas sem termos a menor noção da complexidade. Este é o caso quando repassamos a alguém o que nos foi informado por outrem. Em princípio, nada há de mais nisso, mas o fato é que essas ações são até hoje pouco compreendidas e raramente foram estudadas.

Há nestas atividades de retextualização um aspecto geralmente ignorado e de uma importância imensa. Pois para dizer de outro modo, em outra modalidade ou em outro gênero o que foi dito ou escrito por alguém, devo inevitavelmente *compreender* o que foi que esse alguém disse ou quis dizer. Portanto, antes de qualquer atividade de transformação textual, ocorre uma atividade cognitiva denominada *compreensão*. Esta atividade, que em geral se ignora ou se dá por satisfeita e não problemática, pode ser a fonte de muitos problemas no plano da coerência no processo de retextualização. Sobre isso serão feitas aqui algumas observações sumárias, mas a questão mereceria um estudo bem mais aprofundado, tendo em vista sua relevância.

Quanto a este aspecto, vale salientar mais uma vez que entre oralidade e escrita não existem diferenças quanto aos conhecimentos que podem ser por elas transmitidos ou gerados. A propósito, lembra Olson (1997: 32), citando Carruthers, que "o fato de escrevermos alguma coisa não pode alterar nossa representação mental dessa mesma coisa". Assim, fala e escrita não são dois modos qualitativamente diversos de conhecer ou dar a conhecer. A escrita não acrescenta massa cinzenta ao indivíduo que a domina bem como o não domínio da escrita não é evidência de menor competência cognitiva. Deve-se, pois, distinguir entre o conhecimento e a capacidade cognitiva. Quem domina a escrita pode, eventualmente, ter acesso a um maior número de conhecimentos. Não é verdade, no entanto, que a fala é o lugar do pensamento concreto e a escrita, o lugar do pensamento abstrato. Em resumo: *a retextualização não é, no plano da cognição, uma atividade de transformar um suposto pensamento concreto em um suposto pensamento abstrato*. Este mito da supremacia cognitiva da escrita sobre a fala já foi superado.[24]

Considerando fala e escrita e as respectivas combinações, teríamos as seguintes quatro possibilidades de retextualização representadas no Quadro 1.

Quadro 1. Possibilidades de retextualização

1. *Fala*	→	*Escrita*	(entrevista oral	→	entrevista impressa)
2. *Fala*	→	*Fala*	(conferência	→	tradução simultânea)
3. *Escrita*	→	*Fala*	(texto escrito	→	exposição oral)
4. *Escrita*	→	*Escrita*	(texto escrito	→	resumo escrito)

Atividades de retextualização são rotinas usuais altamente automatizadas, mas não mecânicas, que se apresentam como ações aparentemente não problemáticas, já que lidamos com elas o tempo todo nas sucessivas reformulações dos mesmos textos numa intrincada variação de registros, gêneros textuais, níveis linguísticos e estilos. Toda vez que repetimos ou relatamos o que alguém disse, até mesmo quando produzimos as supostas citações *ipsis verbis*, estamos transformando, reformulando, recriando e modificando uma fala em outra.[25]

Essas atividades podem ocorrer de maneira bastante diversificada em nossas sociedades e seus jogos linguísticos. Veja-se o caso de um documento discutido publicamente e que deve, de uma primeira versão escrita, chegar a uma versão final. Suponhamos que o documento seja a proposta governamental de um texto de Lei que vai ser debatido em plenário na Câmara dos Deputados, recebendo emendas; depois será discutido nos jornais, na TV e no rádio para, finalmente, ir à votação e receber a versão final. Imagine-se quantas modificações ocorreram nesse processo de retextualização a "múltiplas mãos" que foi, em princípio, uma ação de *reescrita*, situada na sugestão (4), com o movimento

---

24. É oportuna, aqui, a lembrança de uma passagem de Olson (1997: 30) sobre a questão do valor cognitivo da escrita no âmbito das teorias sociais dos anos 40: "As grandes teorias sociais de Durkheim (1948) e Weber (1930) procuraram relacionar as mudanças cognitivas às transformações sociais, mas não reservavam um papel importante à escrita nas transformações de que tratavam. Durkheim argumentava que as estruturas cognitivas são, antes de mais nada, sociais em sua natureza; em consequência, as mudanças cognitivas são o subproduto das mudanças sociais. A cognição nasceu do trato com novos papéis sociais e da racionalização dos mesmos."

25. Quanto a isto remeto a Marcuschi (1997), em que é mostrado como o chamado "discurso direto" (citação de falas) não tem as mesmas características que a citação de conteúdos. No caso das citações de falas verifica-se uma primeira edição da fala.

de um {*texto escrito*^{a}} para outro {*texto escrito*^{b}}. O fato é comum no dia a dia de todos nós.

É fácil imaginar vários eventos linguísticos quase corriqueiros em que atividades de retextualização, reformulação, reescrita e transformação de textos estão envolvidas. Por exemplo: (1) a secretária que anota informações orais do(a) chefe e com elas redige uma carta; (2) o(a) secretário(a) de uma reunião de condomínio (ou qualquer outra) encarregado(a) de elaborar a ata da reunião, passando para a escrita um resumo do que foi dito; (3) uma pessoa contando à outra o que acabou de ler no jornal ou na revista; (4) uma pessoa contando à outra o que acabou de ouvir na TV ou no rádio; (5) uma pessoa contando à outra o filme que viu no dia anterior ou último capítulo da novela ou as fofocas da vizinhança; (6) alguém escrevendo uma carta relatando o que ouviu no dia anterior; (7) o(a) aluno que faz anotações escritas da exposição do(a) professor(a); (8) o juiz ou o delegado que dita para o escrevente a forma final do depoimento e assim por diante. Na realidade, nossa produção linguística diária, se analisada com cuidado, pode ser tida como um encadeamento de reformulações, tal o imbricamento dos jogos linguísticos praticados nessa interdiscursividade e intertextualidade.

Neste estudo, serão investigadas apenas as operações mais importantes presentes nos processos de retextualização sugeridos pela alternativa (1) apontada no **Quadro 1:** *passagem do texto falado para o texto escrito*. Será sugerido um modelo geral dessas operações como tentativa de sistematização da experiência diária. Alguns exemplos analisados devem evidenciar a viabilidade do modelo e sua capacidade de produzir bons resultados analíticos e práticos.

2. Transcrição e transcodificação

Como lidamos com materiais orais e escritos, há uma distinção interessante a ser feita entre a atividade de *retextualização* e a de *transcrição*. Transcrever a fala é passar um texto de sua realização sonora para a forma gráfica com base numa série de procedimentos convencionalizados. Seguramente, neste caminho, há uma série de operações e decisões que conduzem a mudanças relevantes que não podem ser ignoradas. Contudo, as mudanças operadas na transcrição devem ser de ordem a não interferir na natureza do discurso produzido do ponto de vista da linguagem e do conteúdo. Já no caso da retextualização, a interferência é maior e há mudanças mais sensíveis, em especial no caso da linguagem. Vejamos alguns detalhes dessa questão.

Ao analisarmos alguns aspectos da relação entre a língua falada e a língua escrita ficou claro que cada modalidade tem suas especificidades, embora não sejam polares nem dicotômicas. Há, no entanto, algumas complementações específicas, úteis ao trabalho de retextualização, que precisam ser tratadas. De modo especial, analisaremos determinados aspectos para os quais já foi chamada a atenção pela linguista francesa Rey-Debove (1996), que estabeleceu vários critérios para a distinção "*oral-escrito*" no francês. A relação entre o oral e o escrito, em qualquer língua, é sem dúvida complexa e pode ser realizada em vários níveis. Levando em conta quatro parâmetros de análise (*forma* e *substância; conteúdo* e *expressão*),[26] a autora identifica quatro níveis de relação (p. 75-6):

(1) *nível da substância da expressão*: diz respeito à materialidade linguística e considera a correspondência entre letra e som, podendo entrar também questões idioletais e dialetais (um problema que a sociolinguística poderia esclarecer);

(2) *nível da forma da expressão*: neste caso consideram-se os signos falados e os signos escritos, situando-se aqui a distinção entre a forma do grafema (a grafia usual) e do fonema na realização fonética (a pronúncia) (p. ex.: *menino* e [*mininu*]), diferenças que no francês são mais acentuadas do que no português;

(3) *nível da forma do conteúdo*: consideram-se, aqui as relações entre as unidades significantes (expressões, itens lexicais ou sintagmas) orais e as correspondentes unidades significantes escritas que operam como sinônimas no plano da própria língua tal como dicionarizada, mas de realização diferente na fala e na escrita (p. ex.: "*o que queres comer?*" [na escrita] e "*que que qué comê?*" [na fala]).

(4) *nível da substância do conteúdo*: em que se dão realizações linguísticas que se equivalem do ponto de vista pragmático, isto é, do uso situacional e contextual específico como, por exemplo, quando numa carta escrita dizemos: "*com os meus cumprimentos, subscrevo-me*"; ao passo que num telefonema diríamos: "*olha, um abraço e um cheiro pra você, tá*", na variante pernambucana.

A autora observa (p. 76) que os dois primeiros níveis, atinentes à forma e à substância da *expressão*, são os mais evidentes e simples de analisar, já que dizem respeito à materialidade linguística, mas não são menos complexos quanto ao fenômeno. Trata-se de uma espécie de "*transcodificação* que designa uma operação complexa em grafemologia": é o que designamos simplificadamente

---

26. Não vamos nos deter aqui sobre a pertinência ou não dessa terminologia de proveniência estruturalista. Aqui, ela é adequada para identificar aspectos relevantes a serem tratados, o que não significa aderir a uma determinada teoria linguística que subjaz a esta terminologia.

como *transcrição* ou passagem de um código para outro (por exemplo, do som para a grafia). Na verdade, a questão para o português não é tão complexa quanto para o francês, para o qual hoje se postula haver dois sistemas independentes de expressão, tal a ordem da diferença. Também não se trata de uma questão de prioridade do oral sobre o escrito, nem do escrito como uma representação do oral, pois a experiência mostra que muitas palavras são apreendidas a partir do escrito, de modo que por vezes o aluno sequer sabe como pronunciá-las. O problema se coloca porque entre pronúncia e grafia não existe correspondência direta, já que o sistema de escrita raramente é fonético em alguma língua natural.

Deixando de lado por um momento a parte técnica da questão, podemos imaginar o que é que fazemos quando *transcrevemos* um texto falado. Basicamente, passamos as palavras pronunciadas para uma formatação escrita num sistema gráfico que segue, no normal dos casos, a grafia padrão, variando apenas em casos especiais quando queremos evidenciar certas questões específicas de um ou outro falante. Transcrever não é uma atividade de metalinguagem nem é uma atividade de simples interpretação gráfica do significante sonoro. A transcrição representa uma passagem, uma *transcodificação* (do sonoro para o grafemático) que já é uma *primeira transformação*, mas não é ainda uma retextualização.

Rey-Debove aponta para uma certa assimetria entre a escrita pessoal (*manuscrito*) e a produção sonora (*fala do indivíduo*), pois o manuscrito pode ser neutralizado pela máquina de escrever, pela escrita eletrônica, mas o som não pode ser neutralizado mesmo depois de gravado em fita magnética. Ele sempre terá a marca de seu produtor e permite que o identifiquemos desde que o conheçamos. Em suma, para Rey-Debove (1996: 78),

> a fala apresenta-se com todos os caracteres extralinguísticos ligados a uma produção personalizada; a escrita, pelo contrário, é na maioria das vezes neutralizada e perde os caracteres extralinguísticos de sua produção, sem que seja por isso perdida a origem do texto.

Com base nessas observações, pode-se dizer que o texto oral transcrito perde seu caráter originário e pessoal e passa por uma neutralização devida à *transcodificação*. Assim, na passagem da oralidade para a escrita realizada pela transcrição, dá-se uma transcodificação em que se passa da *substância e forma da expressão oral* para a *substância e forma da expressão escrita* com todas as consequências inerentes a esse processo (Rey-Debove, 1996: 79). Do ponto de vista da substância e forma do conteúdo, a mudança parece não ser significativa neste passo. Contudo, é necessário considerar que há uma atividade onipresente na atividade de transcrição, que é a compreensão. Sempre transcrevemos uma dada compreensão que temos do texto oral.

Quando transcrevemos a fala para fins de análise, usamos um sistema de notação próprio da transcrição (maiúsculas para tom mais alto; silabação para fala pausada; comentários para indicação de aspectos circunstanciais e assim por diante). Adotamos uma série de convenções de transcrição para manter um mínimo de fidelidade à qualidade da produção oral, fugindo inclusive ao padrão ortográfico, no plano da forma da expressão. É claro que toda a transcrição é uma espécie de *adaptação* e, neste procedimento, ocorrem perdas, pois sempre haverá algo que escapa ou que muda (veja Rey-Debove, p. 88). Basta pensar na entoação e nos aspectos gestuais e mímicos, sem contar com a situação física que desaparece.

Existem transcrições que já são um primeiro formato de retextualização. Por exemplo, aquelas que introduzem pontuação e eliminam as hesitações (caso das entrevistas publicadas). Veja-se o caso da publicação de contos da tradição oral que se apresentam como transcrição, mas são verdadeiras edições de textos com muitas mudanças.[27] Não são meras transcrições e, como veremos adiante, apresentam uma interferência que podemos designar como uma *idealização da língua* pelo molde da escrita. Por trás desta atitude acha-se a ideia de que não se escreve como se pronuncia.[28]

Deve-se, pois, distinguir entre a *transcodificação*, que é a passagem do sonoro para o gráfico e a *adaptação*, que já é uma transformação na perspectiva de uma das modalidades e que aqui chamaremos sistematicamente de *retextualização*. Isto é, por exemplo, o que o jornalista faz quando "revê" ou "corrige" passagens de uma entrevista oral (gravada) que será publicada. É importante considerar que, no caso de uma retextualização, interferimos tanto na forma e substância da expressão como na forma e substância do conteúdo, sendo que neste segundo conjunto a questão se torna muito mais delicada e complexa. Rey-Debove (1996: 80) observa que a adaptação pode ser intencional e direta no caso de um escritor, por exemplo um romancista, planejar no escrito aquilo que deve ser lido como fala (os diálogos e suas peculiaridades) ou aquilo que é falado como se fosse concebido na escrita (caso de conferências).

Também não se pode fazer uma transcodificação equivaler a uma paráfrase ou a uma tradução como se fosse uma equivalência semântica, segundo observou Rey-Debove (1996: 85). A diferença entre uma transcodificação e uma

---

27. Citaria aqui como caso paradigmático desta perspectiva de transcrição a série de contos publicada em Belém por Maria do Socorro Simões & Christophe Golder (1995a, b, c).

28. Além do mais, pode-se dizer que a pronúncia pode variar de acordo com as variantes ou os dialetos de uma língua. Basta que se tome uma carta qualquer de um *atlas linguístico* para verificar a extensão dessa variação. Veja-se, por exemplo, a carta 151 do *Atlas Linguístico do Paraná*, de autoria de Vanderci de Andrade Aguilera, ao trazer a variação de pronúncia da palavra *neblina* — [libr'ína], [nebr'ína], [nebl'ína], [lebr'ína], [nibr'ína] — e isto só no Estado do Paraná.

paráfrase está em que esta última *refaz* o texto de um formato linguístico para outro formato que diga algo equivalente (de um mínimo a um máximo de equivalência). Essa preocupação não ocorre com a transcodificação.

Como ainda veremos detidamente adiante, a oralidade apresenta certas características peculiares e tendenciais (por exemplo, repetição de elementos, redundância informacional, fragmentariedade sintática, marcadores frequentes, hesitações, correções etc.) que a escrita pode, para efeitos específicos, imitar sem deixar de ser escrita. Mas a escrita possui uma série de elementos gráficos tais como →, ±, ∞, [ ], ( ) ou então certos recursos da pontuação, de aspas e assim por diante que não ocorrem na oralização, mas que podemos oralizar (ou mesmo "gestualizar")[29] em certas condições.

Ao finalizar este item, volto a frisar que a tarefa da transcrição não é algo simples, nem natural. Trata-se de uma atividade que atinge de modo bastante acentuado a fala original e pode ir de um patamar elementar até uma interferência muito grande. Não existe uma fórmula ideal para a transcrição "neutra" ou pura, pois toda a transcrição já é uma primeira interpretação na perspectiva da escrita. Há também questões éticas envolvidas, já que a transcrição pode reproduzir preconceitos na medida em que discrimina os falantes, deixando, para uns, evidências socioletais em marcas gráficas, anulando essas evidências, para outros. Veja-se que em geral os transcritores dão para a fala dos entrevistadores um *status* diferente do que para os informantes, no caso de pesquisas linguísticas. Esta distinção faz supor que o entrevistador tem uma "fala culta" ao passo que seu informante, não. Alerto, portanto, para este perigo sempre iminente em todos os trabalhos de transcrição.

3. Algumas variáveis intervenientes

Observou-se até aqui que a língua falada e a língua escrita mantêm certas relações de semelhanças e diferenças que não se esgotam apenas no código, mas vão muito além. É destes outros aspectos que me ocuparei agora. Em primeiro lugar, muda-se a perspectiva da observação, saindo-se da superfície das formas para os processos. Veremos a questão central da formulação linguística que envolve alguns aspectos que traduzimos em focos da abordagem.

Como ponto de partida, suponho serem relevantes as seguintes variáveis:

---

29. Por exemplo, em certas ocasiões, quando numa fala citamos alguém, fazemos um gesto com as duas mãos no ar mexendo o indicador e o anular, como se desenhássemos as aspas. Há pessoas que gostam de gestualizar a interrogação com gestos dramáticos. Em geral, gestualizamos os números, contamos nos dedos e fazemos uma série de outros movimentos imitando uma "escrita" no espaço aberto.

- o *propósito* ou objetivo da retextualização;
- a *relação entre o produtor do texto original e o transformador;*
- a *relação tipológica* entre o gênero textual original e o gênero da retextualização;
- os *processos de formulação* típicos de cada modalidade.

Quanto ao *propósito*, dependendo da finalidade de uma transformação, teremos uma diferença bastante acentuada no *nível de linguagem* do texto, já que é comum uma fala descontraída e casual (informal) receber uma transformação mais descontraída, e uma fala formal receber uma transformação mais formal. O certo é que uma retextualização não é indiferente aos seus objetivos ou propósitos. Um texto oral transcrito ao ser talhado para publicação ou para simples utilização como nota pessoal em sala de aula, por exemplo, receberá tratamentos muito diferenciados.

Quanto à *relação entre o produtor do texto original e o transformador*, um texto pode ser refeito pela mesma pessoa que produziu o original ou por outra. No caso de ser o próprio autor quem retextualiza, as mudanças são muito mais drásticas e, frequentemente, o autor despreza a transcrição (ou gravação) da fala e redige um novo texto. Mas mesmo assim o autor não elimina todas as marcas da oralidade no seu texto. É difícil disfarçar de modo completo a origem oral de um texto. Já uma outra pessoa que não o próprio autor do texto em processo de retextualização terá mais "respeito" pelo original e fará menor número de mudanças no conteúdo, embora possa fazer muitas intervenções na forma.

No caso da *relação tipológica* temos um aspecto interessante, ou seja, a transformação de um gênero textual falado para o mesmo gênero textual escrito, por exemplo, uma narrativa oral passada para uma narrativa escrita, produz modificações menos drásticas que de um gênero a outro, por exemplo, uma entrevista de um cientista concedida a um jornalista e passada para o jornal na forma de um artigo de divulgação científica.[30]

Relativamente aos *processos de formulação*, temos algo muito complexo que deve ser visto em separado. Em resumo, trata-se da questão das estratégias

---

30. Este aspecto foi comprovado na dissertação de mestrado de Isaltina Mello Gomes (1995), *Dos Laboratórios aos Jornais: Um Estudo sobre Jornalismo Científico*, realizada na Pós-Graduação em Letras e Linguística da UFPE, Recife, e baseada parcialmente no modelo desenvolvido aqui em versão anterior. A dissertação de Gomes é uma prova clara dessa situação, bem como o trabalho de dissertação de Virgínia Colares Alves (1992), também fundada no modelo desenvolvido em versão anterior do presente estudo. Os dois trabalhos de mestrado comprovam que as ideias centrais aqui apresentadas são de fato consistentes e oferecem um alto potencial de aplicabilidade. Mais adiante comentarei detalhes e darei exemplos desses dois trabalhos.

de produção textual vinculadas a cada modalidade. Observe-se que quando se escreve (seja à mão, à máquina ou no computador), tem-se sempre a possibilidade de rever sem que esta revisão (ou correção) seja *visível* ao receptor da versão final do texto. Trata-se, como lembra Rey-Debove (1996: 83), de uma "escrita neutralizada" em que desaparecem os vestígios da correção. Já no caso da fala, não temos outra alternativa senão a da neutralização pela *metalinguagem* que traz a correção como parte integrante do próprio texto oral. Assim, os efeitos de "maior perfeição" e corretude da escrita e os efeitos de "imperfeição" e incompletude da fala não passam de uma característica dos processos estratégicos da formulação na produção e recebem soluções que não se correspondem quando se observa o produto final.

Considerando as quatro variáveis intervenientes, pode-se sustentar que as operações de retextualização na passagem da fala para a escrita são atividades *conscientes* que seguem os mais variados tipos de estratégias. Em certos casos, algumas formas linguísticas são eliminadas e outras introduzidas; algumas são substituídas e outras reordenadas. Nesse processo de reescrita (que vai além da transcodificação processada na transcrição inicial da fala), entram em ação algumas *estratégias de regularização linguística*. Estas são, em geral, as primeiras alterações e têm muito a ver com os fenômenos mais estreitamente relacionados à denominada *norma linguística padrão*, sendo assim atividades elementares ligadas à *corretude intuitiva*. Posteriormente, surgem outras operações que afetam as estruturas discursivas, o léxico, o estilo, a ordenação tópica, a argumentatividade e acham-se ligadas à *reordenação cognitiva* e à transformação propriamente dita que atinge a forma e a substância do conteúdo pela via da mudança na qualidade da expressão.

4. Regras de editoração

Embora não sejam de interesse central para nossos propósitos, as *regras de edição* da fala, tal como propostas por Taylor & Cameron (1987: 133-40), podem servir como uma primeira aproximação e um ponto de partida heurístico. Mas a atividade de edição tal como vista por esses autores é muito mais um processo de *idealização dos dados* com o objetivo de torná-los gramaticais e analisáveis, não prevendo mudanças na ordem estilística e na sequenciação tópica. Trata-se apenas de uma depuração; a rigor, não representam uma proposta de análise das transformações.

Taylor & Cameron (1987) denominam *regras de editoração* aquelas regras usadas pelos gramáticos para *idealizar* os dados orais, "depurando-os" de todos os elementos (formalmente) inanalisáveis, tais como as hesitações, os marcadores, e as autocorreções. Na verdade, como observam os autores (p. 129), os ouvintes em geral também procedem a editorações (cognitivas) constantes ao eliminarem, para fins de compreensão, todas as hesitações, autocorreções, autorrepetições, elipses e disfluências do falante. Essas produções representam descontinuidades na estrutura linguística e são eliminadas pelo ouvinte ou então suprimidas como no caso das elipses. Podemos nos perguntar se essas eliminações são conscientes ou não, mas tudo indica que se trata de um processo automatizado. Tanto assim que se alguém nos pedir detalhes a respeito de hesitações, repetições, marcadores etc., de nossos interlocutores em uma dada interação espontânea face a face, é provável que nos daremos conta de não tê-los registrado.

Taylor & Cameron (1987: 130) designam esse procedimento de editoração do ouvinte como a *hipótese da frase-alvo* (*target-sentence hypothesis*), ou seja, a meta de chegar a uma frase bem formada. Caso isso seja uma hipótese viável, deve haver uma estratégia comum seguida por todos os ouvintes nesse processo de editoração. Diante dessa primeira sugestão, Taylor & Cameron (1987: 134) identificam duas fases no processo de editoração de enunciados descontínuos:

(a) o falante deve poder determinar *quando* um enunciado deve ser editorado e

(b) deve poder determinar *como* ele deve ser editorado.

Parece que o falante, quando edita seu enunciado, emite sinais fonéticos e outros bastante evidentes que o ouvinte identifica como focos de editoração. Neste caso poder-se-iam identificar três componentes no *enunciado-fonte* (*surce-utterance*) do falante:

(1) a descontinuidade que serve como sinal de edição;

(2) a fala anterior à descontinuidade (pré-descontinuidade);

(3) a fala posterior à descontinuidade (pós-descontinuidade).

Um exemplo muito simples, tomado de uma narrativa que ainda será analisada no Exemplo 16 adiante, serve para visualizar esta questão:

(a) texto original falado:

o meu pai não... **o meu pai já é uma pessoa...** ah... ele... já... é uma pessoa **muito fechada... e... triste...**
  ↓   ↓   ↓   ↓
descontinuidade   pós-desconti-   descontinuidade   pós-desconti-
(falso-início)   nuidade   (hesitação e repetição)   nuidade

(b) texto-alvo editorado:

o meu pai já é uma pessoa muito fechada e triste

Temos aqui um enunciado (a) em que os segmentos em **negrito** mostram as pré- ou pós-descontinuidades e os segmentos sublinhados, as descontinuidades que são eliminadas. Note-se que "**o meu pai**" é uma pós-descontinuidade em relação à descontinuidade inicial, mas, em relação à segunda descontinuidade, ele é um pré-descontinuidade; o fato é que foi suficiente a eliminação de duas descontinuidades sem qualquer outra interferência para chegar ao enunciado (b) já editorado.

O primeiro problema da editoração é: qual é a frase gramatical alvo que corresponde ao enunciado conversacional fonte? As regras devem ser não ambíguas para atingir a frase-alvo semanticamente adequada. Será que existe algum aparato inato no falante que opera como nível de competência linguística reguladora dessa seleção? (veja Taylor & Cameron, 1987: 136-137, para discussão do assunto).

A regra de editoração hipotética seguida pelo ouvinte nesses casos é assim formulada por Taylor & Cameron (1987: 138):

Regra de eliminação mínima (Minimal deletion rule):
(1) tome a pós-descontinuidade como uma continuação da pré-descontinuidade do enunciado, mas

(2) se (1) é inaplicável devido ao surgimento de uma sequência agramatical, então elimine apenas o suficiente do final da pré-descontinuidade para tornar (1) aplicável, assegurando que a ordem da eliminação é a ordem inversa da produção da pré-descontinuidade.

Essa regra de eliminação mínima é formulada de modo a aplicar-se igualmente aos casos que envolvem pausas, repetições, inserções, correções e outras manifestações de descontinuidade. Ela prevê que não sejam eliminados materiais linguísticos além do necessário. Um exame da aplicação dessa regra de eliminação mínima revela que ela implica uma série de restrições, quais sejam:

(a) *a restrição de minimalidade* (*minimalness constraint*): só se deve eliminar da pré--descontinuidade o estritamente necessário para que o pós-descontínuo possa ser tomado como continuação;

(b) *a restrição de continuidade* (*continuity constraint*): uma vez completada a editoração, a pós-descontinuidade deve ser tomada como continuação da pré--descontinuidade;

(c) *a restrição de eliminação* (*deletion constraint*): nenhum dos elementos eliminados deve fazer parte da frase-alvo;

(d) *a restrição de gramaticalidade* (*grammaticality constraint*): a editoração só estará completa quando a pré-descontinuidade seguida pela pós-descontinuidade formar uma sequência gramatical pelas regras da língua;

(e) *a restrição de identificação* (*identification constraint*): a regra de eliminação mínima será aplicada se e somente se ocorrer um sinal de edição na forma de uma descontinuidade na produção no enunciado do falante.

Essas restrições baseiam-se nos princípios gerais de sistematicidade e significado-antes-da-forma e segundo Taylor & Cameron são imprescindíveis em qualquer conjunto de regras deste tipo. Em primeiro lugar, convém observar que sem a restrição (d) que diz respeito à gramaticalidade,[31] seria impossível qualquer editoração. Essa condição serve inclusive como análise prévia para se decidir se é ou não necessário editar. Pois existem descontinuidades que não são merecedoras de editoração, tais como as repetições.

A restrição (b) sobre a continuidade é necessária para que o ouvinte tome a parte que antecede a descontinuidade como uma parte do enunciado que se forma com a parte da pós-descontinuidade. A restrição (e) que supõe a identificação é importante, pois o ouvinte deve perceber quando deve ou não editar. As condições (a) e (c), que dizem respeito à minimalidade e à eliminação, servem para que o ouvinte fique atento ao *que* deve realmente fazer e *quando*, para não eliminar demais ou de menos.

Neste ponto pode-se lembrar pelo menos dois fatos importantes:

(1) existem muitos enunciados que não apresentam sinal de descontinuidade e por isso mesmo não têm como ser editados;

(2) existem certos enunciados conversacionais que não são gramaticais *stricto sensu*, e são perfeitamente compreensíveis sem necessidade de editoração.

A questão que surge neste momento é a seguinte (Taylor & Cameron, 1987: 148): se o ouvinte não tem problema para entender enunciados ditos agramaticais que nem sequer podem ser editados em frases bem construídas, qual a necessidade que ele teria de editar enunciados mais simples e facilmente identificáveis em sua forma correta com as regras propostas acima?

Segundo os autores citados, trata-se do equívoco de se ter agrupado dois tipos de enunciados, ou seja, dois domínios do *explanandum* (p. 148). Isto é, a simples resistência do ouvinte a editar enunciados do tipo apontado não é motivo suficiente para que ele resista a obedecer às regras de editoração no caso dos outros enunciados. É bem possível que os ouvintes usem um tipo de procedimento com certos enunciados e outro com outros. Isto significa que não é possível formular um conjunto de regras de editoração válidas para *todos* os enunciados.

---

31. As editorações necessárias por razões de *agramaticalidade* são muito poucas. Predominam as eliminações de segmentos tipicamente do processo de formulação tais como os mencionados (hesitações, marcadores, correções etc.).

Em se adotando essa posição, lembram os autores, o problema agora é explicar como os ouvintes sabem quais os enunciados a que se aplica um ou outro procedimento. Isto equivaleria a admitir que os ouvintes saberiam com antecedência o enunciado a ser proferido pelo falante. Na verdade, parece que há uma compreensão anterior ao enunciado original ser proferido por completo. Este é o caso, por exemplo, no suprimento das lacunas deixadas pelas elipses. Tudo indica que temos um "estoque" de enunciados ou de material linguístico pré-moldado e sempre pronto para ser investido em nossos usos espontâneos da língua. Esses estoques operariam como uma espécie de material para cálculos projetivos de enunciados novos.[32]

Os autores lembram (p. 150) que, ao se admitir que o ouvinte só editaria os enunciados que poderiam ser passíveis de tal editoração e não os outros, admitir-se-ia também uma certa primazia da escrita sobre a fala, pois o ouvinte acharia mais desorganizados os enunciados que não se aproximassem do estilo escrito. O fato é que neste raciocínio surge um dilema, ou seja, o ouvinte só resolveria supostos problemas da fala através da escrita. Mas o certo é que na fala os interlocutores não têm problema de se entenderem. Este caminho explicativo não tem saída, pois ele revela apenas a perspectiva do prescritivismo gramatical que vê a fala através do viés da escrita.

O melhor caminho aqui seria, no entender de Taylor & Cameron (p.150), deixar de lado a posição prescritivista que postularia que a expressão comunicativa estaria submetida ao estilo escrito. No meu entender, o que ocorre é que a fala tem suas normas o que explicaria a suposta *editoração espontânea* de que estamos tratando aqui. Não é uma adaptação à escrita e sim uma forma de proceder na formulação oral, pois o fenômeno observado se dá tanto entre indivíduos letrados e não letrados.

Para fugir do dilema e seus percalços, os autores propõem duas questões a serem tratadas como distintas: (a) a questão da *eficácia comunicacional*, e (b) a questão da *gramaticalidade*.

Uma coisa é falar com eficácia comunicativa; outra é falar de acordo com as normas da escrita. Nada impede que alguém fale sem a observância estrita das regras gramaticais propostas para a escrita e que seja entendido, bem como é possível que alguém fale de acordo com as regras gramaticais da escrita e não

---

32. Embora abstratas e bastante especulativas, essas posições são relevantes para se explicar como é possível *avançar* compreensões globais projetivas durante nossas interações verbais face a face. É uma experiência comum a todos nós o fato de em uma conversa "sabermos" com relativa precisão o que nosso parceiro de diálogo irá dizer daí a pouco. Não se trata de uma "adivinhação" e sim da projeção de sentidos a partir de experiências pessoais e coletivas. Isso pode ser ampliado inclusive para o campo da projeção de formas linguísticas.

seja entendido pela inadequação situacional e social. Isto leva a duas indagações (Taylor & Cameron, p. 154):

(1) Quanto precisam os usuários da língua estruturarem seus enunciados para torná-los gramaticais?

(2) Quanto precisam os usuários da língua estruturarem seus enunciados para que se tornem comunicativos?

Somente respostas contextualmente vinculadas serão aqui plausíveis. E, neste caso, talvez a primeira pergunta se torne irrelevante. Parece que os critérios para responder à segunda indagação são também contextuais. Isto é, os critérios não seriam dados pela gramática e sim pelo contexto da interação. Os critérios seriam interacionais. Trata-se do pressuposto básico defendido já na apresentação deste livro: **são os usos que fundam a língua e não o contrário**. Assim, a resposta não seria formulável num conjunto de regras, mas por critérios comunicativos. É possível que um determinado enunciado não seja comunicativo em um contexto interacional e em outro ele o seja.

Na conversação e na fala em geral, o ouvinte é tão criativo como o falante no caso da compreensão. Portanto, a eficácia comunicativa de um enunciado, tal como a coerência sintagmática, não só não é determinável com antecedência pela gramática da língua, mas ela é também não determinável de uma vez por todas para todos os participantes da mesma forma.

Esta discussão sobre a editoração da fala pelo gramático e o paralelo estabelecido com o que faz o ouvinte quando *compreende* seu interlocutor no fluxo natural da fala traz à tona uma série de questões mais complexas do que à primeira vista possa parecer. Vejamos algumas delas.

Em primeiro lugar, sugere a necessidade de repensar com mais clareza a noção de *gramaticalidade*. Não se tem ainda uma noção muito clara desse fenômeno que em geral é tratado na perspectiva da escrita. Para Labov (1972), são raros os enunciados da fala que apresentam agramaticalidade. É evidente que neste caso se supõe que todos os fenômenos típicos da fala (hesitação, autocorreção etc.) não sejam considerados como fatores de agramaticalidade.[33]

---

33. Observação curiosa em relação a esse achado de Labov, lemos em Steven Pinker (1995: 31): "Outro dos projetos de Labov consistiu em tabular o percentual de orações gramaticalmente corretas nas gravações da fala de grupos de diferentes classes sociais em diferentes situações sociais. A noção de 'correção gramatical' faz referência, neste contexto, a orações 'bem formadas segundo regras estáveis do dialeto dos falantes'. (...) Os resultados da tabulação de Labov afiguraram-se muito reveladores. A imensa maioria das orações eram gramaticalmente corretas, sobretudo na fala informal, dando-se maior percentagem delas na linguagem da classe trabalhadora que na classe média. O percentual máximo de orações agramaticais foi encontrado nos livros de atas dos congressos acadêmicos".

Em segundo lugar, permite levantar a discussão sobre os processos de compreensão da fala sob um aspecto novo. E neste caso envolve-se o processamento linguístico como um todo. A pergunta é: qual o procedimento cognitivo posto em ação no momento de entender os enunciados produzidos por um falante? Tenho em mim uma estrutura geral aferidora da gramaticalidade, que se acha instituída no cérebro como um modelo ou parâmetro?

Em terceiro lugar, leva a rever a questão da aquisição linguística, ou seja, propõe que se reconsidere o papel da *imitação* na aquisição da fala. O que é mesmo que nós imitamos? Se a criança ouve os pais, irmãos, amigos etc. falando da forma como falam, como é que consegue organizar o sistema linguístico de sua língua materna sem que dele faça parte como fenômeno sistemático a hesitação, por exemplo? É por que a criança não ouve aquele tipo de produção ou por que os parâmetros linguísticos não são adquiridos empiricamente, mas por uma derivação teórica de princípios subjacentes mais poderosos e talvez até universais? Neste caso poderíamos indagar: o que é mesmo que alguém adquire quando adquire uma língua?

Paremos por aqui com esta já longa digressão a respeito de processos de editoração e sua vinculação com questões relativas ao sistema linguístico e retornemos aos processos de retextualização e sua relação com as atividades de *editoração*. Neste caso seria possível distinguir entre:

(a) atividades de idealização do texto falado e

(b) atividades de transformação do texto falado.

As *atividades de idealização* dizem respeito sobretudo às operações que envolvem a regularização dos fenômenos de *(des)continuidade sintática* na formulação textual, tais como as hesitações, as correções, os marcadores conversacionais, as repetições e os truncamentos que aparecem na construção das unidades estruturais. Mas estes fenômenos não são sentidos como descontínuos sob o ponto de vista discursivo, o que sugere a distinção entre *(des)continuidade sintática* e *(des)continuidade discursiva*. A descontinuidade sintática seria aquela de que tratam as *regras de editoração* sugeridas por Taylor & Cameron (1987), e a descontinuidade discursiva seria aquela em que se dariam digressões, rupturas tópicas, inserções incompreensíveis, desconcatenação sociointeracional e deslocamento situacional, entre outros "problemas". Todos eles fenômenos no plano textual-discursivo e não gramatical propriamente. Com isso seria possível distinguir entre uma noção de *fluência discursiva* e outra de *fluência sintática*. A fluência discursiva envolveria aspectos da interação e da textualidade muito além do fenômeno sintático. Mas estas distinções são relativamente complexas, pois elas postulariam uma dicotomia que estamos nos esforçando por evitar, tendo em vista que não julgamos oportuno cindir a observação em dois blocos de fenômenos como se fossem independentes. Esta é a razão por que não se segue aqui a posição de Taylor & Cameron (1987) de maneira estrita.

As *atividades de transformação*, que constituem a retextualização em sentido estrito, dizem respeito a operações que vão além da simples regularização linguística, pois envolvem procedimentos de substituição, reordenação, ampliação/redução e mudanças de estilo, desde que não atinjam as informações como tal. Seguramente, haverá, em consequência, mudanças de conteúdo, mas essas não deveriam atingir pelo menos o *valor-verdade* dos enunciados. É a este segundo conjunto de questões que nos dedicaremos daqui por diante.

5. Alguns estudos do processo de transformação já realizados

São relativamente poucos os estudos que se detiveram detalhadamente na análise dos processos de transformação de textos falados em textos escritos. Dentre os que conheço, parece-me suficiente destacar quatro trabalhos. O primeiro é o do italiano Cortelazzo (1985) que cotejou a gravação do discurso de um parlamentar italiano com sua cópia estenográfica. Cortelazzo constatou modificações que vão desde aspectos superficiais e a simples "limpeza das características da fala" (idealizações linguísticas), até modificações substantivas que interferem inclusive na verdade do dito. O mais comum é a normatização das expressões coloquiais para termos técnicos da área do conteúdo do discurso com a retirada sistemática de todos os elementos que pudessem dar alguma conotação de desrespeito com base numa linguagem pouco conveniente. O estudo de Cortelazzo não é propriamente uma análise de retextualização, pois o que ele observou foi uma *transcrição* que idealizava em vários níveis os discursos orais dos deputados. As estenógrafas iam muito além do que preveem, por exemplo, as regras de editoração de Taylor & Cameron (1987).

Ao contrário dos demais estudos analisados a seguir, o trabalho de Cortelazzo (1985) levou em conta um texto originalmente monologado e não dialogado. Com isso não houve a necessidade de transformar os elementos dialógicos em monológicos, o que facilitou as atividades. No caso de diálogos a interferência no estilo torna-se mais acentuada. Esta observação sugere que a mudança da fala para a escrita não equivale a uma transformação da estrutura dialógica para a monológica.

O segundo estudo é o dos suecos Jönsson & Linell (1991) sobre a geração de narrativas escritas com estrutura monológica, a partir de entrevistas dialógicas de policiais com os suspeitos em pequenos crimes como furtos e fraudes. Os autores analisaram as gravações de 30 interrogatórios e as compararam com as narrativas que surgiram no texto escrito produzido pelos policiais. Foram consideradas algumas constantes aos dois momentos, tais como o *contexto*, o *propósito*, o *tópico*, o *tempo do planejamento* e a *relativa monologicidade*, já que o suspeito fala o tempo todo sob estímulos sempre rápidos. Isto quer dizer que não apenas as questões da diferença de modalidade devem ser consideradas, mas também os aspectos relativos às condições de produção dos textos. A análise detida de um dos casos revelou o seguinte:

(1) **diferenças linguísticas:** o texto escrito apresentava uma acentuada redução no volume de linguagem; tinha maior densidade informacional na relação entre *tipo* e *ocorrência*, o que sugere maior variação lexical; eliminação das repetições e hesitações; ausência de frases truncadas; maior variação dos elementos encadeadores dos períodos na sequência da narrativa; introdução de terminologia técnica no lugar da coloquial, embora o policial mantivesse um estilo burocrático misturado com o coloquialismo.

(2) **estrutura narrativa visível:** desaparece a ordem caótica da narrativa do suspeito feita sob o estímulo de perguntas e não numa ordem cronológica; surge um texto bem ordenado na sequência cronológica dos fatos reordenados pelo escrevente; ao mesmo tempo em que certos dados são eliminados como desviantes, outros são acrescidos para esclarecer, o que conduz à introdução de informação nova não presente nos dados iniciais; a estrutura da narrativa passa a ser coerente e sistemática.

(3) **da vagueza à precisão:** o policial introduz a expressão "constatar", quando o suspeito usa outras formas vagas; são estabelecidas relações de causa e consequência; identificação do tempo, dos fatos, dos locais e personagens envolvidos; para o policial trata-se de definir com precisão o que é legalmente relevante.

(4) **do tom emocional ao tom neutro:** desaparecem os traços emotivos, o envolvimento e todas as tentativas de colocar elementos de descompromisso por parte do suspeito; o tom da narrativa policial torna-se neutro e todos os traços de indecisão nas ações do suspeito são transformados em atividades unívocas.

(5) **mudança na perspectiva:** as ações narradas como casuais e fortuitas, sem intenção, são colocadas como concatenadas, intencionais e planejadas para incriminar o suspeito; há uma mudança de perspectiva no objetivo da informação dos fatos.

(6) **obscurecimento na distinção das fontes:** o diálogo é uma peça produzida em co-participação entre o policial e o suspeito, mas a narrativa escrita é fornecida como produto exclusivo de informações do suspeito; as fontes da informação são sistematicamente unilateralizadas e quase não aparecem os *verba dicendi*.

A rigor, ambos os textos (a narrativa escrita e a inquirição policial) são naturais e autênticos, produzidos *on-line* e face a face. Contudo, um (o escrito) tem características monológicas e o outro (o falado) é de natureza dialógica. As diferenças podem não ser discrepantes a ponto de falsearem os fatos, mas são bastante acentuadas, sobretudo na feitura textual-discursiva, "não obstante as condições de produção serem similares" (p. 435). Duas observações feitas por

Jönsson & Linell (1991) merecem nossa atenção. Em primeiro lugar, parece que as diferenças entre a fala e a escrita não podem ser vistas primariamente nas questões sempre tidas como essenciais (envolvimento, face a face, produção no tempo real etc.), mas num aspecto mais geral e sistemático, ou seja, nas *diferenças típicas dos gêneros textuais envolvidos*. A reportagem policial tem sua rotina burocrática e sua racionalidade legal institucionalizada, com uma "orientação para o futuro", ou seja, para os objetivos da ação penal e judicial que nela se fundamentará (p. 436). Ademais, temos a ver com *duas formas distintas de geração de narrativas*. Uma é a primeira-geração e a outra é a segunda-geração (derivada) que reporta o já reportado anteriormente, envolvendo recontextualização, reconstrução e recriação. Tudo isto leva a uma retextualização. Mudanças assim podem ocorrer na própria transformação de um texto falado em outro texto falado, o que significa que não há uma relação de diferença fundada na modalidade falada ou escrita *per se*. Para os autores, "produções escritas apresentam a feitura que têm porque elas não são genuinamente primeiras-gerações de mensagens" (p. 439).

O terceiro estudo foi realizado por Alves (1992) em sua dissertação de mestrado ao tratar da transformação dos depoimentos de testemunhas em assentamentos escritos ditados por juízes durante os inquéritos em processos criminais. O tema tem algo parecido com o que os autores suecos analisaram. Alves (1992: 140) observa que "o documento da audiência não registra a totalidade do depoimento prestado mas apenas o 'essencial' e tem por lei o dever de ser 'fiel' a tudo o que foi dito". Isto envolve atividades de resumo, devendo preservar-se uma "equivalência de essencialidade" entre "o que foi dito" e "o que foi consignado". O cotejo entre os dois textos trouxe algumas evidências de transformação que a autora chamou de "decisão interpretativa" do juiz, já que se tratava mais do que uma simples transformação. Entre elas encontramos:

(1) apagamento sistemático das perguntas do juiz, gerando um texto monológico em que o depoente é a única fonte de informações com o discurso indireto usando a fórmula "... declarou que... que ... que ... que ... que ...";

(2) substituição sistemática da terminologia coloquial pela terminologia mais precisa e, se possível, técnica; eliminação das hesitações, repetições e dos marcadores conversacionais;

(3) reordenação tópica com novas amarrações argumentativas e novos conectores com uma consequente mudança do estilo informal para o formal;

(4) completude da fala e verbalização dos contextos com identificação clara dos referentes;

(5) transformações interpretativas com a supressão de informações; inserção de informações disponíveis nos autos e não presentes no depoimento; inferências; indução por indagações de testagem.

O estudo mostrou, em essência, os mesmos resultados que o de Jönsson & Linell (1991), com a diferença de que no caso de Alves (1992) não houve uma narrativa gerada e sim um texto legal na forma específica de uma assentada na estrutura de um discurso indireto, documental e não na forma de um simples relato de um fato sem os *verba dicendi*.

O quarto estudo é a dissertação de mestrado de Gomes (1995) sobre os artigos de divulgação científica produzidos por jornalistas a partir das entrevistas com os cientistas. É sabida a quantidade de reclamações que sempre ocorrem nestes casos em que os cientistas se lamentam porque "nunca disseram" aquilo que aparece no jornal. Como o jornal dispõe de um espaço muito limitado, a entrevista é drasticamente reduzida, o que significa que as condições de produção do diálogo entre cientista e jornalista, e produção do artigo para o jornal são completamente diversas. O estudo de Gomes (1995) mostrou que a redução de volume beira, em média, 86%, ou seja, só 14% do falado aparece no texto publicado. Na verdade, observa Gomes, "o texto produzido na entrevista jornalística é excessivamente redundante". Os pilares do *princípio redutor* aplicado pelo jornalista têm, tal como no caso dos outros textos, uma norma jornalística que pede "clareza, simplicidade e concisão" nos textos.

Entre os resultados mais notáveis de Gomes (1995) acham-se os seguintes:
(1) eliminação de tópicos informacionais que o cientista considera relevante, sem contudo comprometer a própria informação;
(2) diferenças de enfoque entre o texto produzido pelo jornalista e aquele produzido durante a entrevista, revelando "mudança na perspectiva de interesse";
(3) o texto jornalístico se apresenta como essencialmente "parafrástico", tornando por vezes dispersa e superficial a informação do cientista;
(4) as citações ditas "textuais" e inclusive postas entre aspas e atribuídas literalmente ao cientista *nunca corresponderam à fala do cientista* e sempre foram uma reconstrução, embora preservando a verdade e fidedignidade da informação.

Uma observação notável no caso de Gomes (1995) parece ser a aventada no item (4), que dá conta de um *aspeado* que não corresponde ao dito como tal, mas a uma junção de várias coisas ditas. Não se trata de imputar ao cientista o que ele não disse, mas de fazê-lo dizer de forma diversa, o que talvez não lhe agrade. Isso traz uma questão pouco levantada, que é a da *citação de fala* (veja Marcuschi, 1997), que praticamente nunca é uma repetição *ipsis verbis*. Basta gravar qualquer fala e observar a transcrição para perceber claramente que aquilo que foi atribuído a um outro falante nunca foi dito daquela forma.

6. Uma experiência piloto

Uma experiência por mim realizada em 1989 com alunos da graduação em Letras na UFPE e de várias séries do primeiro e do segundo graus (numa escola pública), no Recife,[34] buscou levantar dados para formular as hipóteses e o modelo das estratégias seguidas na retextualização fala-escrita. Inicialmente, a suposição, depois parcialmente confirmada, era a de que as transformações seriam recorrentes, sucessivas e hierarquicamente ordenadas.

Os conhecimentos disponíveis a respeito da organização conversacional foram a base para a formulação da hipótese inicial. Noções funcionais como as de relação dialógica, contexto de situação, propósitos dos falantes, condições de produção, tópico, turno, marcador conversacional, hesitação e correção, entre outras, revelaram-se muito úteis. Observou-se uma série de transformações que se sucediam numa determinada ordem (não necessariamente uma ordem temporal, mas sim de operação). Esta ordem era de tal modo sequenciada que deu origem à formulação do *princípio de hierarquização*, que previa que a sequenciação obedeceria sempre à mesma direção, por sua vez condicionada pela presença de uma operação imediatamente anterior.

Contudo, a suposição de que se alguém fizesse apenas uma operação faria somente a primeira e se fizesse duas faria a primeira e a segunda, e assim por diante, não se confirmou por completo, pois essas operações estão imbricadas e só podem ser distinguidas para fins de análise. Além disso, muitas operações mais baixas ficaram a meio caminho e entraram operações mais altas parcialmente desenvolvidas. Mesmo assim o modelo pôde ser mantido com os acréscimos necessários e um enfraquecimento do princípio hierárquico como condição necessária para operações de nível mais alto (v. Diagrama 2, p. 75).

Não obstante isso, o processo apresentava um caráter cumulativo e as operações seguiam uma ordem que ia do nível mais baixo para o mais alto, não se observando saltos de monta. O modelo foi imaginado para abranger tanto os textos falados monologados quanto os dialogados, mas a questão dos turnos trouxe uma série de problemas que não puderam ser satisfatoriamente sistematizados com a devida elegância e concisão no contexto das demais operações. Isto parece sugerir que o tratamento dos turnos é uma questão funcionalmente diversa da organização sintática, e tópica. Por isso, o tratamento dos turnos

---

34. Esta coleta de dados deu-se de maneira bastante informal. Contudo, foram controlados os textos e as condições de produção que eram idênticas para todos. Mas nunca houve um estudo completo dos materiais coletados. O levantamento destinava-se muito mais a um trabalho na graduação. O estudo das retextualizações foi iniciado em 1989 e desde então vem sendo revisto e complementado. Esta é a primeira vez que ele é dado a conhecer na forma impressa.

exigiu um conjunto de regras à parte expostas após o modelo geral. De resto, uma opção específica no tratamento dos turnos implica consequências sobre todo o resto (v. Quadro 3, p. 89).

O modelo teve que ser desenvolvido em três etapas, tendo em vista os aspectos apontados acima. Primeiro, surgiam as transformações linguístico-textuais; depois vinham as operações de natureza cognitiva que diziam respeito aos processos de compreensão imanentes ao ato de transformar; por fim havia a questão do tratamento estrutural da sequência conversacional dos turnos para o caso dos diálogos. Como os turnos são um caso específico de um subconjunto de gêneros textuais, ou seja, os conversacionais, mas não caracterizam a fala como tal, já que fala não equivale à conversação, foi possível tratar essa questão isoladamente no modelo.

7. Aspectos envolvidos na retextualização

Antes de prosseguir, vale a pena lembrar um aspecto apontado por Nina Catach (1996) ao comentar a posição de Rey-Debove (1996: 86-87) aqui utilizada para a análise da transcodificação (item 3). Para Catach, não fica claro o que se entende por *língua* ao se usar as expressões "*língua falada*" e "*língua escrita*", quando se fala na relação *oral/escrito*, tendo-se que distinguir o plano da relação. Essa relação pode dar-se: (a) no plano das formas (códigos, sistemas) e (b) no plano dos processos (realizações, discursos). Quanto às formas, nos situamos no sistema da língua e quanto aos processos, estamos no discurso. Nas atividades de retextualização, temos a ver com os dois aspectos, mas em essência trata-se do aspecto discursivo, ou seja, dos processos.

Para analisar a relação oral/escrito com mais cuidado, Catach (1996) propôs que se fizessem pelo menos duas distinções no plano do discurso, assim formuladas:

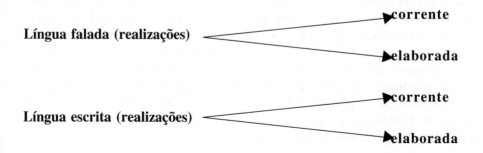

Com isto, pode-se fazer a passagem de umas para as outras, ou seja, os cruzamentos possíveis entre as quatro realizações. Desfaz-se o mito de que a fala é o *locus* da informalidade e a escrita, o da realização formal da língua. O certo é que formal/informal, tenso/distenso, controlado/livre, elaborado/solto etc. são *usos* e não atributos da língua. Muito menos características de uma modalidade de uso da língua.

Por outro lado, no plano do código, em cada uma dessas realizações observar-se-á o aspecto fonético-fonológico, morfossintático e lexical, já que não se pode ignorar que a língua tem regras. Passa-se então para outro nível, o da enunciação, em que entram o estilo, a organização tópica e todos os demais processos de formulação característicos de cada modalidade e que dizem respeito ao sentido (nível do discurso). Seguramente, não é fácil manter esta distinção numa postura funcionalista, mas admitamos por um momento que ela seja sustentável.

Nos níveis chamados por Catach (1996: 87) de "*intermediários*" e representados pela fonologia, morfossintaxe e léxico, tem-se variações tais como as variantes socioletais e dialetais nos dois códigos (escrito e oral). Aqui se dá com mais vigor a transcodificação, em especial na passagem de uma modalidade para outra em que temos a mudança da forma fônica para a forma gráfica e todas as demais operações envolvidas neste caso.

Contudo, como apontado por Rey-Debove (1996: 87) em resposta a Catach, os níveis de língua acima distinguidos não são da ordem do linguístico *stricto sensu* e sim do discursivo, quando considerados em seus usos. Assim, usar uma expressão mais familiar ou mais erudita, uma sintaxe mais elaborada ou menos elaborada, é uma decisão da alçada do discurso (pragmática, sociolinguística, estilística etc.) e não da forma linguística em si. Mas não convém ignorar que mesmo neste caso estamos ainda no contexto da *língua* e, por isso, do linguístico, de modo que oralidade e escrita não são duas línguas e sim duas "*variedades universais*" de uma única e mesma língua, como afirmou Catach (1996: 88).

Parece hoje bastante sensato defender que norma e sistema não são critérios bons para se distinguir entre o oral e o escrito, pois é empiricamente inadequado defender que a escrita é normativa e a fala não é normativa. Basta observar povos sem escrita para ver que há também neles níveis diferenciados de linguagem e realizações discursivas tidas como mais ou como menos elaboradas. Por outro lado, tanto o oral como o escrito seguem o mesmo sistema, como postula a maioria dos linguistas hoje, inclusive Catach (1996), em oposição a Blanche-Bénveniste, por exemplo. Assim convém entender as distinções propostas no Quadro 2 como uma sugestão de distribuição dos fenômenos a serem analisados nos processos de retextualização.

É difícil precisar quais os limites entre os aspectos linguísticos-textuais-discursivos e os cognitivos, mas tudo indica que se trata muito mais de uma gradação do que uma separação. O certo é que os conjuntos (A, B, C) sugeridos no Quadro 2 conduzem as operações linguísticas-textuais-discursivas como um todo. O aspecto cognitivo (D) conduz os processos relativos à compreensão de um modo geral e levam às mudanças mais complexas, como as inferências e os possíveis falseamentos.

Quadro 2. Aspectos envolvidos nos processos de retextualização.

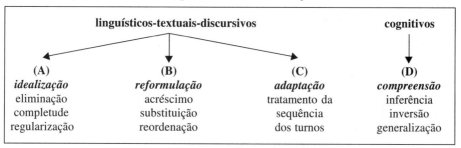

O quadro prevê três subconjuntos diferenciados de operações assim distribuídos:

(1) Os **blocos A e B** dizem respeito a **operações e processos de natureza linguística-textual-discursiva** e se atêm às evidências empíricas, tais como as indicadas, atuando de forma mais pontualizada no código, mas com repercussão direta no discurso, já que ambos são aqui inseparáveis. Certamente, trata-se de um conjunto amplo, pois a reordenação tópica, por exemplo, não se acha no mesmo nível que a eliminação de hesitações. Assim, os blocos **A** e **B** receberam um modelo completo de operações que se distinguem de maneira muito acentuada, podendo ser distribuídas separadamente em **(A)** e **(B)** (v. Diagrama 2, p. 75).

(2) O **bloco C** comporta **operações de citação** (tratamento dos turnos) e vem desenvolvido em separado tendo em vista envolver atividades especiais que não são tão corriqueiras como parecem. Ao se tratar os turnos como falas ou ao se reportar às falas como conteúdos, pode-se usar um recurso metalinguístico em nada inofensivo.[35] Além disso, pode-se observar que para executar as operações envolvidas em **(C)**, deve-se considerar incluídas as operações envolvidas em **(A, B, D)**.

(3) O **bloco D** sugere **operações cognitivas** e é o mais complexo e menos trabalhado, distribuindo-se ao longo de todas as demais operações, o que pede para esse bloco

---

35. Num texto (Marcuschi, 1991) em que analiso esses procedimentos de reportar opiniões, mostrei como os verbos introdutores de opiniões em jornais são muito complexos em seu funcionamento.

um modelo específico, já que para poder transformar um texto é necessário compreendê-lo ou pelo menos ter uma certa compreensão dele.[36] De igual modo que dois falantes só interagem na suposição de uma certa compreensão mútua, um indivíduo só pode retextualizar na suposição de compreensão do texto de origem.

Vale ressaltar que as sérias questões concernentes a problemas de compreensão surgidos no processo de retextualização ainda estão por serem tratadas. Friso, no entanto, que toda atividade de retextualização implica uma interpretação prévia nada desprezível em suas consequências.[37] Há nessa atividade uma espécie de *tradução endolíngue* que, como em toda a tradução, tem uma complexidade muito grande. O problema maior se dá quando se passa de um gênero para outro, já que neste caso muda até mesmo o modelo global da transmissão.

Na discussão sobre a exposição feita por Rey-Debove (1996), comentada acima, E. Andreewsky (p. 85-86), indagava da autora se não se verifica, necessariamente, já no processo de transcodificação, uma atividade de compreensão subjacente. Em resposta, a autora lembra que uma compreensão contextualizada, mesmo que mínima, é necessária para afastar, por exemplo, as ambiguidades. Mas isto é pouco, no meu entender, pois a compreensão exerce um papel muito mais fundamental já nesse processo inicial de transcrição.

Como ilustração da complexidade envolvida nas atividades cognitivas presentes nesse conjunto de operações, observemos um exemplo. Trata-se da reação de José Ruy Gandra (*Folha de S. Paulo*, 30/10/1993), em relação à reclamação do músico Arnaldo Antunes (*Folha de S.Paulo*, 23/10/1993) que lamentara as distorções ocorridas no texto que reproduzia uma entrevista para a revista *Playboy* (nº 219). Assim se expressa A. Antunes a certa altura de seu texto reclamatório:

Exemplo (1)

Nunca me reconheci tão pouco em uma entrevista. Nunca abominei tanto um discurso colocado por terceiros em minha boca. Um pequeno e bom exemplo desse procedimento: o entrevistador me perguntou se eu já tivera relações homossexuais. A resposta foi um sucinto "não". Resposta publicada: "Nunca, nem mesmo em troca--troca quando eu era criança". Essa espécie de "adorno" às declarações com fantasias e fetiches do entrevistador se tornou procedimento usual na edição da matéria de uma forma geral.

---

36. Note-se que *compreender* não equivale a *compreender bem*, pois a compreensão é um processo cognitivo de apropriação de conteúdos e sentidos mediante uma interferência direta sobre o apreendido. O ato de produzir sentido a partir de um texto é um ato de compreendê-lo, e não de *compreendê-lo bem*. A boa compreensão de um texto é uma atividade particular e especial.

37. Este aspecto está sendo objeto de um estudo à parte e ele aflorou muito claramente tanto no trabalho de Alves (1992), como no de Gomes (1995), sendo inclusive uma questão central para Alves que lidava com a decisão interpretativa do juiz.

Em sua réplica, Ruy Gandra escreve o seguinte:
Exemplo (2)

A primeira passagem da entrevista mencionada por Arnaldo Antunes, logo no início de seu texto, foi a da homossexualidade. Ele diz: "O entrevistador me perguntou se eu já tivera relações homossexuais. A resposta foi um sucinto 'não'. Resposta publicada: 'Nunca, nem mesmo em troca-troca quando eu era criança'." (...) Arnaldo Antunes mente, como comprova a fita número 4 da entrevista. Pergunta: "Você já teve transa homossexual?". Resposta: "Não, nunca." Pergunta: "Nem quando criança, troca-troca?". Resposta: "Não, nem criança..." **Com o aval da concordância expressa do entrevistado e em nome da concisão, as duas perguntas foram fundidas em uma só. Não há nisso nenhum mistério nem ato condenável.** (grifo meu)

Reconstruindo os procedimentos, de acordo com as informações de Ruy Gandra, teríamos o seguinte segmento da entrevista entre **R** (Ruy) e **A** (Antunes):

R: *Você já teve transa homossexual?*
A: *Não, nunca*
R: *Nem quando criança, troca-troca?*
A: *Não, nem criança*

Transformação publicada pelo jornalista:

R: Você já teve transa homossexual?
N: Não, nunca, nem mesmo em troca-troca quando eu era criança

O entrevistado reclamou de palavras postas em sua boca que não eram dele e o entrevistador justificou a fusão de perguntas e respostas como ato lícito. Trata-se de uma operação cognitiva em que o entrevistador *inferiu* como pertinente fazer um enunciado em que duas perguntas e duas respostas apareceram fundidas. No caso, não se tratava de um acréscimo ou reinterpretação, mas *atribuição de fala*. Se fosse um discurso indireto, teria sido menos acintoso aos olhos do entrevistado. O problema é que, além de haver uma operação de transformação com acréscimos e fusões, há ainda a *atribuição de autoria* desse mesmo segmento. Baste isso para mostrar como a retextualização é perigosa. Ainda veremos que esse tipo de operação é a rotina por parte do juiz em tomadas de depoimentos. Com uma diferença: o depoente não tem direito à réplica, mas a obrigação de assinar como sua a formulação do juiz. Parece que nestas operações se acha implícita uma atividade argumentativa, ou estratégia de construção de argumentos ou contra-argumentos, ainda inexplorada.

Fique, no entanto, claro que não é simples distinguir entre operações linguísticas-discursivas, de um lado, e operações cognitivas, de outro. Talvez esta distinção seja apenas metodológica, pois é duvidoso que possamos realizar uma sem a outra. Nesta discussão poderíamos retornar a uma outra questão mais antiga que lhe é similar, isto é, a distinção entre forma e conteúdo. Distinções desta ordem são perigosas porque podem sugerir a possibilidade de tratamentos *autônomos* desses fenômenos, quando de fato eles estão sempre intimamente imbricados. A língua não é transparente nem é determinada, pois ela não se esgota no interior do código. Os sentidos não são simplesmente codificados (depositados no interior do código), pois eles são sempre produzidos na relação dos sujeitos com a língua, dos sujeitos entre si e na complexa articulação com outras instâncias de produção e funcionamento da língua. Em suma, textos não são como uma *bonbonnière* de onde só saem bombons.

8. Fluxo dos processos de retextualização

Como se viu no Quadro 2, são muitos os aspectos que devem ser observados nos processos de retextualização. Antes de prosseguir, é conveniente sistematizar a questão em um diagrama para esclarecer melhor o problema. Veja-se o **Diagrama 1** que busca expor o fluxo das ações:

Diagrama 1. Fluxo das ações

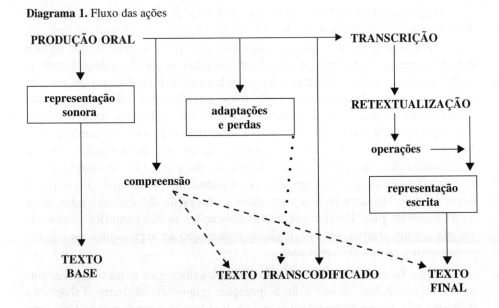

No Diagrama 1 temos o desenho do fluxo que vai da produção oral original **texto base** até a produção escrita **texto final**, passando por dois momentos, sendo o primeiro o da simples transcrição, que designei **texto transcodificado**, em que ainda não se dá uma transformação com base em operações mais complexas (que é o segundo momento chamado de **retextualização**), já que a transcrição é algo muito indefinido quanto ao padrão. Assumimos aqui que essa transcrição deve ser fiel e não pode interferir na produção (evitam-se a pontuação, as inserções e qualquer tipo de eliminação ou idealização até onde isso for possível), devendo trazer indicações específicas da situacionalidade e da qualidade da produção (por exemplo, indicações como sorriso, movimento do corpo etc.). Não há dúvida que neste primeiro passo se dá uma série de mudanças que implicam adaptações que levam a perdas. Mas qualquer mudança explícita já dá início ao processo de retextualização, como, por exemplo, a inserção da pontuação.

Para maior facilidade de compreensão do fluxograma exposto no Diagrama 1, restrinjo-me à gravação em áudio e não considero a gravação de falas em vídeo, pois isto complicaria demasiado o modelo no momento. Entre as perdas, a mais evidente é a da entoação e da qualidade da voz. A pontuação deverá, posteriormente, já nos primeiros passos da retextualização, inserir elementos que simulem a entoação.

A fase denominada **texto final** deverá conter o texto na sua versão final, observadas as operações realizadas ao longo do percurso. Aqui temos transformações que devem interferir em maior ou menor grau a depender da amplitude da intervenção no processo como um todo.

No Diagrama 1 aparece o problema da *compreensão* como um passo situado na passagem da representação oral para a transcodificação e que repercute diretamente no texto final. O fato é que sempre transcrevemos uma compreensão situada, pois não existe uma compreensão natural. Seguramente, muito do que se transcreve (em especial quando a qualidade da gravação não é boa) deve-se a interpretações *ad hoc* que podem variar dependendo do grau de intimidade que o transcritor tem com essa tarefa. Mas isso é também fruto de uma interpretação que vai ocorrendo.

9. Modelo das operações de retextualização

É sempre temerário construir um modelo. Além disso, é perigoso, pois ele passa imediatamente a ser tomado como uma fórmula mais ou menos mágica que deve produzir resultados tão logo seja aplicada. Tenha-se, portanto, claro que o modelo representado no Diagrama 2 é apenas *heurístico* no sentido genuíno do termo, ou seja, representa um método de descoberta relativamente intuitivo, não tão rigoroso a ponto de com ele se chegar a resultados definitivos, mas também não tão vago a ponto de não se poder com ele operar significativamente projetando expectativas bastante definidas e comprováveis. Enfim, trata-se de um modelo com o qual se pode trabalhar concretamente tanto no ensino como na investigação.

Do ponto de vista técnico, o esquema geral proposto no Diagrama 2 dá conta apenas dos blocos **A** e **B** dentre os quatro vistos no Quadro 2. Explicita os aspectos textuais-discursivos envolvidos nas:

(A) **atividades de idealização** (eliminação, completude e regularização);

(B) **atividades de reformulação** (acréscimo, substituição e reordenação);

que valem para a transformação do oral em escrito, não importando o gênero textual.

O modelo aparece aqui de um modo simplificado e não dá conta de alguns fenômenos importantes como o da *compreensão*, apresentado como o aspecto **(D)** no Quadro 2. Igualmente, não traz a especificação das operações relativas ao tratamento dos turnos nos textos dialogados, aspecto **(C)** na representação do esquema no Quadro 2. Apenas lembra que há *operações especiais* envolvidas no tratamento dos turnos, que não se situam em algum ponto do modelo, mas se diluem ao longo de todo ele, como se verá no Quadro 3, p. 89.

O modelo merece vários reparos sob o ponto de vista de sua operacionalidade que não é tão evidente como aparenta, pois é necessário definir com maior precisão as fronteiras entre os vários conceitos ali presentes. Ninguém deve iludir-se a ponto de acreditar que as coisas se dão na sequência sugerida. Não se trata de uma receita, tal como as que permitem a confecção de um gostoso bolo. O modelo não é a representação de operações hierárquicas e sequenciadas, mas de operações que em certo sentido se dão preferencialmente nessa ordem, embora mescladamente. Vejamos o tão anunciado modelo.

As nove operações mais as operações especiais constantes neste modelo poderiam ser agrupadas em dois grandes conjuntos, ou seja:

I — operações que seguem **regras de regularização e idealização** (abrangem as operações 1-4) e se fundam nas estratégias de eliminação e inserção. Ainda não se introduz, nesses casos, uma transformação propriamente, ficando-se nas regras de editoração no sentido de Taylor & Cameron (1987);

II — operações que seguem **regras de transformação** (abrangem as operações 5-9 e as operações especiais) e se fundam em estratégias de substituição, seleção, acréscimo, reordenação e condensação. São propriamente as que

Diagrama 2. Modelo das operações textuais-discursivas na passagem do texto oral para o texto escrito

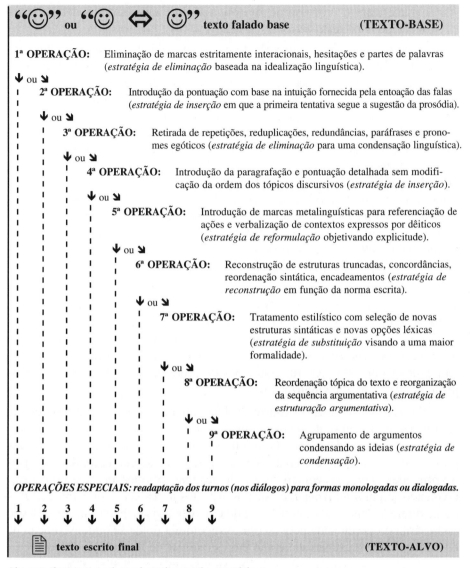

Algumas observações sobre as legendas para ler o modelo:

a) A sequência inicial na parte superior do modelo {"☺" ou "☺ ⇔ ☺"} lembra apenas que pode tratar-se de um texto falado *monologado* {"☺"} ou então de um texto falado *dialogado* {"☺ ⇔ ☺"} que serve de **texto-base** para a retextualização.

b) O símbolo {↓} posto abaixo de cada uma das 9 operações sugere que se pode partir desse ponto para o texto escrito final, e o símbolo {↘} indica que se pode ir à operação seguinte.

c) O símbolo {📄} na parte inferior do modelo lembra que esse é o *texto escrito* tido como o ponto de chegada, isto é, o **texto-alvo** do processo de retextualização.

caracterizam o processo de *retextualização* e envolvem mudanças mais acentuadas no *texto-base*.

Em princípio, a retextualização plena do texto falado (texto-base) em texto escrito (texto-alvo) deveria passar por todas as operações sugeridas, mas é possível que um indivíduo conclua sua atividade em qualquer ponto do processo, o que se acha indicado pelo símbolo ↓. Com base nisso, pode-se propor este modelo como um *aferidor da maturidade linguística do retextualizador quanto à consciência das diferenças da relação fala-escrita*. Seria até mesmo possível empregar esse modelo dando valores às operações e medindo o que foi feito e o que ficou por fazer. Teoricamente, essa relação forneceria um índice que produziria um valor (uma *ratio*) para a relação F-E. Para tanto, seria necessário calcular para cada texto o índice máximo que ele atingiria sob o ponto de vista de uma retextualização padrão com o objetivo de estabelecer um índice padrão. Isto não passa, no entanto, de uma especulação, pois falta-nos um instrumental mais seguro para definir até mesmo a forma de composição desse índice.

Com efeito, nem tudo é tão mecânico como parece. Também não se podem postular processos lineares, pois a questão é complexa e não há critérios seguros para se dizer o que pode ficar, o que deve sair ou o que deve mudar num texto falado para assegurar patamares aceitáveis da presença da oralidade na escrita. Será inevitável que muitas marcas da oralidade não sejam sentidas como tais no texto escrito. Por outro lado, a depender do gênero textual e dos fatores lembrados (propósito, gênero, condições de produção etc.) haveria uma perspectiva diversa na retextualização.

Em síntese, o modelo exposto no Diagrama 2 corresponde a uma escala contínua de estratégias, desde os fenômenos mais próximos e típicos da fala até os mais específicos da escrita. O domínio da escrita vai se manifestando, progressivamente, de acordo com as estratégias que vão sendo realizadas. As quatro primeiras operações contém as estratégias mais comuns, quase espontâneas, revelando serem *intuitivamente* estes os aspectos *percebidos como mais salientes* na diferença entre fala e escrita, tendo em vista a visão dicotômica da relação fala-escrita proporcionada pela escola. A dicotomia funda-se numa sensação de descontinuidade da superfície e não em estratégias de formulação linguística.

Embora o modelo do Diagrama 2 seja intuitivamente claro, é oportuno um comentário mais detalhado sobre cada operação, pois há aspectos muito sutis não mencionados na laconicidade da formulação do modelo global. Por fim, para uma retextualização ser bem-sucedida, não é necessário que se efetivem todas as operações e, sobretudo, não necessariamente na ordem proposta. Não há, pois, um caráter de necessidade e suficiência nas operações arroladas neste modelo.

9.1. Operações de regularização e idealização

Embora as ações realizadas nas quatro primeiras operações do **Diagrama 2** sejam bastante diversificadas, em seu conjunto elas conduzem a uma primeira aproximação da idealização linguística. Cumprem, de certo modo, o que preveem as regras de editoração de Taylor & Cameron (1987). A quarta operação, por exemplo, apresenta alguns aspectos similares à segunda, o que não as iguala, pois ali se acham aspectos qualitativamente diversos, como o da pontuação com mais critérios que apenas os entoacionais e a inserção da paragrafação, que não está no mesmo plano da pontuação.

Vejamos cada uma das operações em detalhe.

1ª OPERAÇÃO: Eliminação de marcas estritamente interacionais, hesitações e partes de palavras (*estratégia de eliminação* baseada na idealização linguística).

Neste primeiro conjunto de operações ocorre, como procedimento imediato e intuitivo, a *eliminação* de:

a) *hesitações* (por exemplo: *ah..., eh..., e... e... e, o... o..., o, de..., do..., da..., dos...*),

b) *elementos lexicalizados ou não lexicalizados* e tipicamente produzidos na fala, tais como os marcadores conversacionais do tipo *"sim", "claro", "certo", "viu", "entendeu", "né", "sabe", "que acha?", "bem", "hã"*, principalmente quando aparecem no interior de unidades discursivas,

c) *segmentos de palavras iniciadas e não concluídas* que aparecem na transcrição e por vezes são tributáveis a hesitações,

d) *sobreposições* e partes transcritas como duvidosas são aqui eliminadas.

Só estas eliminações já somam cerca de 10% a 20% do material fônico do texto falado, dependendo do gênero textual e de seu grau de espontaneidade. É difícil que alguém faça apenas este tipo de eliminação, de modo que a primeira operação se acha muito ligada à terceira operação. Além disso, na primeira operação, são eliminadas as observações metalinguísticas sobre a situacionalidade ou sobre o fluxo da fala, tais como os comentários sobre as ações dos falantes. Por exemplo, *((rindo)), ((tossindo)), ((alguém bate na porta))* ou outros comentários relativos ao ambiente ou ao tom de voz *((falando baixinho)), ((imitando))* etc. Tais eliminações não se referem à fala em si, mas à manipulação da transcrição.

2ª OPERAÇÃO: Introdução da pontuação com base na intuição fornecida pela entoação das falas (*estratégia de inserção* em que a primeira tentativa segue a sugestão da prosódia).

Com essa operação surge a primeira tentativa de *inserção* com a introdução da pontuação diacrítica e formal, já que a fala não dispõe desse recurso. É a sensação de que não se pode escrever sem pontuar, pois do contrário não se entende. Parece que na escrita as unidades têm de ser visivelmente marcadas. É de se indagar se o procedimento de inserção da pontuação, na medida em que coincide com os mesmos *slots* ou "nichos ecológicos"[38] dos marcadores eliminados, não seriam também uma espécie de transformação. A decisão de situar este procedimento aqui deve-se à consideração do aparecimento de uma *pontuação (quase espontânea) dependente principalmente de fenômenos prosódicos*, em especial a entoação. Ela é também um forte indício de interpretação (subjazendo-lhe sugestões de leitura que podem variar a depender dos indivíduos que retextualizam). Veja-se este pequeno exemplo de retextualização para corroborar a afirmação feita acima:

Exemplo 3[39]

NARRATIVA ORAL — uma jovem de 17 anos	RETEXTUALIZAÇÃO 1: aluno de Letras, UFPE, 4º Período	RETEXTUALIZAÇÃO 2: aluna de Letras, UFPE, 4º Período
eh... eu vou falar sobre a minha família... sobre os meus pais... o que eu acho deles... como eles me tratam... bem... eu tenho uma família... pequena... ela é composta pelo meu pai... pela minha mãe... pelo meu irmão... eu tenho um irmão pequeno de... dez anos... eh... o meu irmão não influencia em nada... a minha mãe é uma pessoa superlegal... sabe?	Bem, eu tenho uma família pequena — meu pai, minha mãe e meu irmão. Tenho um irmão pequeno de dez anos que influencia em nada. Minha mãe é uma pessoa superlegal.	— Bem, eu vou falar sobre a minha família, sobre meus pais, o que acho deles e como eles me tratam. — A minha família é pequena, composta pelo meu pai, minha mãe e um irmão pequeno de dez anos que não influencia em nada. Minha mãe é superlegal.

---

38. A expressão "nicho ecológico" me foi sugerida em comunicação pessoal (1990) pela saudosa amiga e colega Giselle Machline de Oliveira da Silva, que sempre tratava o discurso como um fenômeno da ecologia humana. A imagem é muito boa e, em sua plasticidade, permite inferir que, assim como os pássaros não fazem ninhos em qualquer lugar, e assim como nem todos os pássaros fazem os ninhos nos mesmos lugares, também os marcadores têm nichos especializados. Seja do ponto de vista das formas como das funções. Uns vão resultar em pontos, outros em vírgulas e outros receberão outras reformulações léxicas em operações mais altas.

39. Este texto foi extraído do volume intitulado *A Língua Falada e Escrita na Cidade do Rio de Janeiro*, produzido sob a coordenação de Sebastião J. Votre e Mariângela Rios de Oliveira, no contexto do Grupo de Estudos "Discurso & Gramática", do Depto. de Linguística e Filologia da UFRJ, RJ, edição em disquete, 1995. As retextualizações desses materiais foram feitas em Cursos de graduação em Letras da UFPE como trabalhos de testagem do modelo aqui proposto. Não se trata de coleta sistemática. Agradeço aos meus alunos do curso de Linguística 3 a colaboração que sempre prestaram.

Observando a produção oral e suas duas versões escritas, percebe-se que elas não seguiram as mesmas orientações na pontuação. É evidente que a segunda versão do texto envolveu maior número de operações para chegar àquela pontuação, o que comprova que essa operação não se dá isoladamente. A pontuação deveria ser tratada no contexto global das quatro operações iniciais. Por isso aparece duas vezes, sendo que na segunda vez surge a novidade da paragrafação.

As duas operações seguintes são uma espécie de terreno intermediário, pois se por um lado têm tudo a ver com as inserções, também são um indício de transformação. A terceira operação, embora menos generalizada, é frequente e diz respeito à *eliminação* das redundâncias, das repetições imediatas, das autocorreções. Resulta, na realidade, em condensação informacional, já que diminui material não apenas formal. A quarta operação equivale à estratégia de introdução de parágrafos, que em geral vai sendo aprimorada a depender de quantas operações forem realizadas. Os parágrafos são um aspecto complexo, pois exigem uma divisão em tópicos e não são tão espontâneos.

3ª **OPERAÇÃO:** Retirada de repetições, reduplicações, redundâncias, paráfrases e pronomes egóticos (*estratégia de eliminação* para uma condensação linguística).

Uma das características da oralidade é a *repetição*, seja de itens lexicais, sintagmas, orações ou mesmo estruturas, gerando construções paralelas em grande quantidade. Essas repetições são eliminadas em conjunto com as redundâncias informacionais e algumas reformulações parafrásticas. De igual modo, eliminam-se pronomes pessoais, sobretudo os egóticos ("eu", "nós"), que têm sua identificação marcada pela forma verbal de primeira pessoa. O mesmo já não ocorre com o pronome "ele" que em certos casos é até mesmo acrescido ou suprido por um item lexical como veremos em operações mais altas de inserção lexical.

Não se trata de condensação informacional, mas simplesmente de uma retirada de elementos sentidos como *desnecessariamente reduplicados*, para a produção escrita. Essa reduplicação por repetições pode chegar a 20% do texto global em conversações espontâneas, mas o mesmo ocorre em exposições orais (sobretudo aulas).[40]

---

40. Marcuschi (1992), em trabalho sobre as formas, posições e funções da repetição, comprovou que, na oralidade, cerca de 20% do material linguístico é repetido, sem se contar nesse percentual as reduplicações tidas como hesitações e elementos formais ou elementos sem autonomia semântica, tais como artigos, conjunções e preposições.

4ª OPERAÇÃO: Introdução da paragrafação e pontuação detalhada sem modificação da ordem dos tópicos discursivos (*estratégia de inserção*).

Como lembrado, esta operação poderia ser parcialmente incluída na primeira e parcialmente pertencer ao conjunto seguinte, pois é um passo em direção a uma transformação e não apenas a uma idealização. Por não implicar a reordenação tópica, sugiro que seja mantida provisoriamente nesta etapa.

A questão do parágrafo não se acha necessariamente unida à pontuação, pois ela diz respeito a uma decisão de agrupamento do conteúdo por outros critérios, como bem mostrou Arabyan (1994) para o francês. Veja-se o caso da segunda versão no Exemplo 3, que apresenta uma decisão de paragrafação sentida como início de um novo conjunto temático no tópico narrativo.

Pela natureza das operações deste primeiro grupo e pela sua presença generalizada, parece que os fenômenos trabalhados baseiam-se em regularidades prosódicas e informacionais bastante estabilizadas. A impressão é de uma necessidade de "disciplinar" o texto, dando-lhe a aparência mínima da escrita que teria normas mais específicas, embora a oralidade tenha suas normas tácitas. As operações dominantes aqui são as de eliminação (ligadas a uma sensação de depuração), apesar de duas operações sugerirem inserção de elementos novos (a pontuação e o parágrafo). Pode-se afirmar que, com o predomínio das eliminações, *as operações 1-4 não são propriamente de transformação e sim de idealização linguística.*

9.2. Operações de transformação

As outras cinco operações que figuram no modelo dizem respeito a um tratamento da fala, de natureza sintática, semântica, pragmática e cognitiva.

Podemos subdividir essas cinco operações em dois subconjuntos. Nas operações 5 e 6 predominam as atividades referentes à *substituição* e *reorganização* de natureza pragmática (operação 5) e morfossintática (operação 6). A atenção acha-se voltada para a explicitação de referentes e para a regularização sintática. Fortes e salientes nas duas operações são as noções de *completude, regência* e *concordância*. Trata-se de um crivo na linha da padronização linguística que visa a eliminar os fenômenos típicos da variação. É a noção de que na escrita há um padrão e uma norma que primam pela concordância morfossintática. Não é tolerável, na escrita, o sujeito da frase no plural e o verbo no singular ou construções como "a gente vamos", nem frases inacabadas. Elas são eliminadas, completadas ou reconstruídas. Também não se podem permitir, na escrita, anáforas pronominais sem antecedentes explícitos[41] ou dêiticos que não tenham seu referente imediatamente reconhecido.

Não se pode detectar, isoladamente, como cada uma das estratégias 5-9 é aplicada. O Exemplo 4, pode ser utilizado para esclarecer aspectos mais amplos dessa questão. Temos do lado esquerdo, uma entrevista de TV, gravada em 1998, de uma repórter com uma professora universitária e doutoranda a respeito da Língua Portuguesa. Do lado direito vem a retextualização feita por quatro professoras de 2º grau, com nível universitário, durante um curso de especialização.

Exemplo 4

Entrevista original — Coletada pelo NELFE (Núcleo de Estudos Linguísticos da Fala e Escrita) — Recife, UFPE, 1998 — Texto F 037	Retextualização feita em 1999 por um grupo de 4 professoras de 2º grau, com nível universitário completo
F1 — *depois da matemática o português talvez seja o maior problema dos alunos que terminam carregando pro resto das suas vidas uma certa briga com a gramática... sobre esse assunto eu vou conversar com a professora a. d. ela que é doutoranda em linguística... por que essa coisa da briga... que os alunos têm com a a/o português?* F2 — *olha a meu ver... o principa:l entrave entre o estudo da língua portuguesa nas escolas de primeiro e segundo grau... e os alunos diz basicamente referência ao método como se se trabalha... e também à concepção de língua que se é trabalhada... a língua portuguesa não é esse fenômeno éh:: homogêneo... estático... que é vinculado pela gramática normativa... e pela/infelizmente... pela maioria dos grandes professores de língua portuguesa mas observamos que a língua evolui... a língua muda... e a escola precisa mudar e evoluir pra trazer o aluno que já é um falante e um usuário da língua portuguesa... a se envolver com o estudo da língua portuguesa* F1 — *o português então não é uma língua difícil?* F2 — *...olha se você parte do princípio... que a língua portuguesa não é só regras gramaticais... não se você se apaixona pela língua que você... já domina que você já fala ao*	F1 — *Depois da matemática, talvez o português seja o maior problema dos alunos que terminam carregando para o resto de sua vida uma certa briga com a gramática. // Sobre esse assunto, vou conversar com a professora A.D., doutoranda em Linguística. // Por que os alunos têm dificuldade em português?* F2 — *A meu ver, o principal entrave entre o estudo da língua portuguesa e os alunos, nas escolas de 1º e 2º graus, refere-se basicamente à concepção de língua que é trabalhada. // A língua portuguesa não é um fenômeno homogêneo e estático, veiculado pela gramática normativa e infelizmente pela maioria dos grandes professores de língua portuguesa. // Observamos que a língua evolui, muda, portanto, a escola precisa mudar e evoluir, para trazer o aluno, que já é falante e usuário, a se envolver com o estudo da língua portuguesa.* F1 — *O português é uma língua difícil?* F2 — *Não, se você parte do princípio de que a língua portuguesa não é só regras gramaticais. Ao chegar à escola o aluno já domina e fala a língua. Se o professor motivá-lo a ler obras*

---

41. Trabalho sobre esta questão para o português, pode ser visto em Marcuschi (2000), com um modelo de tratamento dessas anáforas para a oralidade.

chegar na escola se o teu professor CATIva você a ler obras da literatura... obras da/ dos meios de comunicação... se você tem acesso a revistas... éh:: a livros didáticos... a:: livros de literatura o mais formal... o e/o difícil é porque a escola transforma como eu já disse as aulas de língua portuguesa em aNÁlises gramaticais.
F1 — e a escola hoje... como que ela trabalha?

literárias, e se tem acesso a revistas, a livros didáticos, você se apaixona pela língua. O que torna difícil é que a escola transforma as aulas de língua portuguesa em análises gramaticais.

F1 — Como é que a escola trabalha hoje?

A única solicitação feita às quatro retextualizadoras foi: "*Cheguem, a partir da entrevista oral, a um texto escrito que possa ser publicado como uma entrevista num jornal diário*". Para tanto foi fornecida, juntamente com a transcrição, a fita que foi ouvida à vontade pelas alunas.

Observe-se que tanto o texto oral como o escrito foram produzidos por pessoas experientes precisamente naquilo de que se tratava aqui: língua portuguesa. Por um lado, temos um texto oral bastante elaborado até pelo cuidado que a entrevistada teve por estar se expondo na televisão. Isso explica a eliminação de palavras relativamente baixa, ou seja, o original tinha 269 palavras contra 206 da versão escrita final (eliminação de 23%). Por outro lado, as retextualizadoras preocuparam-se com o nível da linguagem e a padronização, embora o texto oral original não apresentasse problemas de ordem sintática e pouca repetição. Aspecto também importante é o fato de se ter mantido a estrutura da entrevista com turnos representando perguntas e respostas tal como no original. Isto favorece a retextualização como ainda veremos mais adiante ao retomarmos este exemplo como Exemplo 13 e 13.1.

Observando mais detidamente o início da primeira resposta da entrevistada, nota-se uma reordenação sintática no seguinte caso (o texto em *itálico* é o original e o texto em **negrito** é a retextualização):

F2 — /.../ *o principa:l entrave entre o estudo da língua portuguesa nas escolas de primeiro e segundo grau... e os alunos*
o principal entrave entre o estudo da língua portuguesa e os alunos, nas escolas de 1º e 2º graus,

em que as retextualizadoras optaram pela coordenação paratática imediata, trazendo para frente a estrutura "entre o estudo da LP **e** os alunos", pondo entre vírgulas a especificação ", de 1º e 2º graus," evidenciando uma das preferências da escrita em relação à fala quanto à sequenciação da coordenação e as especificações, apostos, atributos etc. Em geral, a fala vai sequenciando adendos à direita do núcleo verbal, no fluxo do pensamento que é formulado *on-line*, isto é, no tempo real; a escrita prefere agrupar os elementos à esquerda do núcleo.

Já no segmento a seguir temos a eliminação de repetição "*como se se trabalha*", que fica "*que é trabalhada*" e a reconstrução do sintagma "*diz basicamente referência ao*" com um verbo e uma reordenação do escopo da modalização, indo de "*diz basicamente referência*" para "*refere-se basicamente*". Novamente, temos uma refacção que segue a preferência da escrita em relação à fala no caso de modalizações com advérbios.

diz basicamente referência ao método como se se trabalha... e também à concepção de língua que se é trabalhada.
refere-se basicamente à concepção de língua que é trabalhada.

Aparentemente, não há grandes mudanças, mas quando se analisa com mais cuidado segmento por segmento, percebem-se alterações significativas especialmente no caso das operações 6 e 8 que interferem na estrutura sintática e dão uma ideia mais nítida da própria concepção de escrita e suas preferências sintáticas.

Vejamos alguns aspectos de cada uma das operações mais decisivas no processo de retextualização. Alerto, no entanto, que aqui só podem ser feitas análises muito simplificadas, tendo em vista a limitação do espaço disponível e a quantidade de detalhes envolvidos.

5ª OPERAÇÃO: Introdução de marcas metalinguísticas para referenciação de ações e verbalização de contextos expressos por dêitico (*estratégia de reformulação* objetivando explicitude)

Uma das características da fala é utilizar-se do *contexto físico* de maneira sistemática, seja para referenciação ou para orientação espacial. Trata-se de uma forma de explicitação vinculada a aspectos não estritamente verbalizados e que quando se elimina o contexto físico devem ser supridos com uma informação equivalente que os recupere. A reformulação visa à explicitude sob o ponto de vista da necessidade escrita que não presentifica o contexto situacional como a fala.

Tomemos aqui um fragmento do depoimento de uma testemunha na justiça, para perceber a relevância desta operação de marcas extralinguísticas particularmente quando se trata de casos que exigem enorme cuidado na referenciação. Na parte esquerda, temos a inquirição oral do juiz e na parte direita a consignação, ditada pelo juiz para o escrevente (texto escrito):

Exemplo 5

Tomada do depoimento (texto oral)	Consignação (texto escrito)
J — *mas o senhor tem certeza que ele num fez ... que ele saiu com o senhor no ônibus e a morte dele aconteceu?* D — *aí num ((incompreensível)) aí/* J — *OCORREU naquele momento/* D — *aí pode ser até... eu/* J — *ele sempre acompanhado pelo senhor heim?* D — *justamente/* J — *HEIM?* D — *aí eu deixei ele na casa dele então eu parti pra minha* J — *e´... então o senhor tem certeza que não foi ele?* D — *tá vendo o senhor? ... eu tenho tanta certeza que num foi ele que ele ficou em casa e como é que no outro dia/* J — (CONSIGNANDO)	Que o depoente tem certeza que o autor do crime não foi ((nome do denunciado)) porque ele depoente acompanhou durante todo o trajeto o denunciado ((nome)) ... e ele... ((nome)) ficou... na cidade D ... onde reside

Fonte: Alves, Virgínia Colares S. F. 1999. *Inquirição na Justiça: Estratégias Linguístico-Discursivas*. Tese de doutorado. UFPE, Recife, p. 148.

Exemplos como este multiplicam-se em depoimentos no Judiciário, na Polícia ou em outros contextos que exigem explicitude completa dos referentes para não haver ambiguidade referencial. Nestes casos, as interferências reformuladoras são muito intensas e amplas. Assim, um "ele", um "lá" devem ser preenchidos com um nome e com um local, como se deu no Exemplo 5. Há, no entanto, casos em que o gênero textual recebe uma estrutura que permite a interpretação referencial, como nas cartas que têm, no cabeçalho, uma data, um local de onde o missivista escreve e há alguém que assina. Tudo isto permite entender pronomes do tipo "eu", ou dêiticos como "aqui", "ontem", "amanhã" e outros que são lidos na relação com as coordenadas da carta.

6ª OPERAÇÃO: Reconstrução de estruturas truncadas, concordâncias, reordenação sintática, encadeamentos (*estratégia de reconstrução* em função da norma escrita).

Esta operação envolve ações bastante diversificadas e de grande importância, pois aqui se acha o peso maior da normatização da escrita. Vejamos mais alguns detalhes do Exemplo 4, no momento em que a professora dá sua resposta, aqui dividida em quatro sequências:

(A)

olha se você parte do princípio... que a língua portuguesa não é só regras gramaticais... não
Não, se você parte do princípio de que a língua portuguesa não é só regras gramaticais.

(B)

se você se apaixona pela língua que você... já domina que você já fala ao chegar na escola
Ao chegar à escola o aluno já domina e fala a língua.

(C)

se o teu professor CATIva você a ler obras da literatura... obras da/dos meios de comunicação... se você tem acesso a revistas... éh:: a livros didáticos... a:: livros de literatura o mais formal...
Se o professor motivá-lo a ler obras literárias, e se tem acesso a revistas, a livros didáticos, você se apaixona pela língua.

(D)

o e/o difícil é porque a escola transforma como eu já disse as aulas de língua portuguesa em aNÁlises gramaticais
O que torna difícil é que a escola transforma as aulas de Língua Portuguesa em análises gramaticais.

Neste trecho há, uma série de aspectos importantes. Assim, em (A), no texto oral, a negação vem no final com uma força anafórica muito expressiva; já na retextualização, a negação surge logo no início; em (B-C) as construções simpatéticas com sugestão de envolvimento interpessoal direto e mistura pronominal: "*se você se apaixona /.../ que você já domina /.../ que você já fala /.../ se o teu professor /.../ se você tem um acesso /.../ como eu já disse*" são sistematicamente eliminadas e neutralizadas, com uma transformação dos enunciados com completa reordenação sintática e produção de enunciados diretos; em (B), na escrita, há uma reordenação de elementos de um enunciado que passam para o próximo e em (D) encontramos as reordenações tópicas, como se verá na 8ª operação.

As operações 7 e 8 envolvem *acréscimo informacional, substituição lexical, reordenação estilística e redistribuição dos tópicos discursivos*, quando for o caso. Não é fácil determinar quais são os critérios seguidos para a execução das operações que se situam neste nível. Sua realização exige do falante um maior domínio da escrita e das estratégias de organização lógica do raciocínio, havendo aqui uma forte influência do processo cognitivo. Também supõem maior variedade vocabular. Neste grupo situam-se, por exemplo, as operações de substituição dos marcadores conversacionais da fala por outros usuais na escrita. Esta atividade não é automática, pois exige mais do que um simples procedimento de substituição.

7ª OPERAÇÃO: Tratamento estilístico com seleção de novas estruturas sintáticas e novas opções léxicas (*estratégia de substituição* visando a uma maior formalidade).

Nas operações 7 e 8 que surgem com maior intensidade os problemas relativos ao fenômeno cognitivo da interpretação encontrados na compreensão textual. Como apontado, o tema da compreensão exigiria um modelo em separado já que *para transformar é necessário compreender* o texto. Contudo, uma não compreensão não impede a retextualização, mas pode conduzir a uma transformação problemática, chegando ao falseamento. Se considerarmos o texto como uma proposta de sentido e não uma evidência empírica de sentidos objetivamente inscritos, a dificuldade aumenta. Veja-se o caso típico da polêmica criada nos textos dos Exemplos 1 e 2.

Há autores que imaginam que a mudança de estrutura sintática, desde que não altere o valor-verdade do enunciado, não tem relevância semântica. Contudo, não é este o caso, pois as construções sintáticas têm valor semântico. Um enunciado na voz passiva ou na voz ativa apresenta características diferentes; o sujeito do enunciado na posição de tópico ou em outra posição não tem a mesma carga semântica. Portanto, pode-se dizer que *escolhas sintáticas equivalem a escolhas semânticas*. Daí haver, nas retextualizações que interferem na ordem sintática, uma interpretação subjacente que pode levar a uma outra *força ilocutória* (produção de outros atos de fala, outras intenções etc.). Igualmente, a questão do estilo é importante, pois ele se acha semanticamente carregado.

8ª OPERAÇÃO: Reordenação tópica do texto e reorganização da sequência argumentativa (*estratégia de estruturação argumentativa*).

Esta operação exige alto domínio da escrita e se dá em especial em textos mais complexos em que o aspecto argumentativo predomina ou em diálogos para os quais se sugere uma retextualização mais global sem atenção para detalhes informacionais, sendo então acoplada a esta a 9ª operação. A diferença entre as operações 8 e 9 acha-se essencialmente no fato de a 9 apresentar uma tendência à redução textual e operações de reordenação de natureza global ou macro. Por exemplo, trazer no início um argumento que foi posto no final. Operações neste nível são muito frequentes nos artigos de divulgação científica que tiveram por base uma entrevista oral com o cientista. Isto é o que mostra com clareza Gomes (1995).

9ª OPERAÇÃO: Agrupamento de argumentos condensando as ideias (*estratégia de condensação*).

A 9ª operação não constava nas primeiras versões do modelo exposto no Diagrama 2 e surge agora como uma estratégia significativa para se estabelecer uma diferença entre *resumir e transformar*. Ambas as atividades são *retextualizadoras*, mas não com o mesmo objetivo nem com o mesmo interesse, nem na mesma intensidade. A 9ª operação não equivale a uma estratégia de resumo, nem de eliminação sistemática de informação. Assim, embora muitas das estratégias apontadas para esta operação (e para certos casos das anteriores) coincidam com as propostas por Van Dijk e Walter Kintsch (1978) para o resumo, as operações não têm, necessariamente, a ver com uma atividade resumidora. No caso do resumo, há uma compressão textual rumo ao macrotexto (veja Van Dijk, 1977, 1980), em que predominam as operações ligadas à seleção de conteúdos e condensação pela *eliminação de informações secundárias* com generalizações mais ou menos extensas e agrupamentos sistemáticos de informações. A eliminação de que trata a 9ª operação pode atingir um maior ou menor grau a depender dos objetivos.

O pressuposto básico do qual se parte é que preserve, na medida do possível, o mesmo volume de informações nos dois textos.[42] Portanto, o menor volume de linguagem se dá por eliminação dos elementos típicos da fala e não por seleção de informação com o objetivo de condensar os textos. *Transformar fala em escrita pode acarretar diminuição de texto, mas não necessariamente por razões de seleção das informações mais importantes e sim pela regularização linguística que implica redução no volume de linguagem*. Contudo, a manutenção integral do conteúdo não é vista como uma condição da retextualização. Essa condição de identidade de sentidos entre o texto-base e o texto-alvo seria impossível, pois qualquer interferência na forma é também uma interferência no conteúdo.

Observando as nove operações propostas, constata-se que em pelo menos quatro delas são mencionadas ações de *eliminação*. Isto não significa, no entanto, que se trate de uma atividade de resumo, como acabamos de ver. Indica apenas o alto grau de redundância e repetição informacional na oralidade. Também o alto grau de presença de elementos tipicamente gramaticais sem uma função específica.

Não obstante o esforço aqui empreendido, é praticamente impossível distinguir de forma clara entre os procedimentos de *idealização* e *reorganização* no que respeita à morfologia. Parece que o fato de se introduzir a concordância

---

42. Em sentido estrito, é *impossível* cumprir esta exigência, pois é evidente que os marcadores conversacionais, as hesitações, as repetições e outras eliminações, bem como a inversão da ordem tópica implicam alteração nas intenções e, consequentemente, na informação, já que essas formas "significam". Portanto, com a formulação acima, tenho em mente apenas a manutenção das informações explícita e verbalmente transmitidas. Trata-se de um conteúdo proposicionalmente expresso e não dos conteúdos pragmáticos ou cognitivos implícitos.

nominal indo de: "os menino viram a raposa e então..." para ⇒ "os meninos viram a raposa e então..."; ou a concordância verbo-nominal: "as menino é tudo loco por..."; para ⇒ "as meninas são todas loucas por..."; a completude de formas sincopadas e reconstrução de aglutinações morfológicas, como em: "nera?"que equivale a: "não era?" ou "tá", "qué", "comé", "tá bom procê?" e sua reconstrução para "está", "quer", "como é", "está bem para você?" é um procedimento que conduz a uma regularização linguística.

Sob o ponto de vista sociolinguístico, no caso de operações de transformação dialetológica e mesmo estilística, deve-se ter o cuidado de não descaracterizar aspectos identitários relevantes (pois a fala é um fator de identidade) ou produzir retextualizações implicitamente preconceituosas (frisando aspectos morfológicos não padrão ou escolhas léxicas inusuais). Isto se dá particularmente em entrevistas, quando se encobre ou se enfatiza a procedência sociocultural do entrevistado por estratégias de substituição/manutenção lexical ou enfatização de idiossincrasias e realizações socioletais.

Dois pontos não definidos no modelo de operações proposto no Diagrama 2 merecem alguma atenção suplementar. Primeiro, a questão do *tratamento dos turnos* e, segundo, a *questão cognitiva* que vem sendo protelada. Quanto à segunda, não creio que seja possível desenvolver um modelo neste momento, mas será possível fornecer uma série de indicações. Vejamos primeiro a questão dos *turnos*.

9.3. O tratamento dos turnos: operações especiais

O modelo geral da retextualização sugerido no Diagrama 2 propõe um conjunto de operações especiais que dizem respeito ao tratamento dos turnos para o caso da retextualização de conversações (encontros diádicos, triádicos ou poliádicos). Aqui podem ocorrer várias alternativas, dependendo de quanta modificação vier a ser feita. No caso de entrevistas realizadas por jornalistas, elas em geral passam, após a gravação das perguntas e respostas, por uma total eliminação dos turnos quando se apresenta o conteúdo na forma de um artigo. Neste caso, tudo o que vier transposto na forma de citação de fala (reformulada em obediência às seis operações vistas) aparece entre aspas, predominando a estratégia da supressão seletiva (na linha do resumo).

Exemplo típico desse procedimento são os casos analisados por Gomes (1995), que observou como os jornalistas produziam seus artigos de divulgação científica com base em entrevistas orais. A redução atingia cerca de 80% em regra, o que já pode ser considerado um procedimento de resumo, mas não havia uma diminuição tão sensível de informações, tendo em vista as perguntas e respostas reduplicadas.

A entrevista oral também costuma ser apresentada na forma de entrevista impressa com perguntas e respostas (veja Exemplo 4 e 13.1), como ocorre nas páginas amarelas da revista *Veja* e da revista *IstoÉ*, entre outras. No caso, os turnos são mantidos e as nove operações propostas perpassam o texto inteiro, como ocorre na entrevista trabalhada no Exemplo 3.

O subconjunto de operações trazidas no Quadro 3, em complementação ao modelo exposto no Diagrama 2, apresenta as três técnicas básicas encontradas na transformação dos turnos na passagem da fala para a escrita com o surgimento das já conhecidas mudanças que ocorrem na transformação da fala em discurso direto ou indireto, sobretudo as de caráter morfossintático.[43] Sugiro que se tome esse conjunto de técnicas como um subsistema intermediário de atividades e não como algo essencialmente novo em relação ao modelo inicial.

Quadro 3: Operações especiais envolvidas no tratamento dos turnos de fala nas atividades de retextualização.

Técnica I: manutenção dos turnos
Transposição dos turnos tal como produzidos, abolindo as sobreposições e seguindo, no geral, as operações 1, 2, 3 e 5 do modelo, mas com uma sequenciação por falantes, introduzindo segmentos encadeadores a título de contextualização, podendo haver fusão de turnos, sobretudo os repetidos.

Técnica II: transformação dos turnos em citação de fala
Eliminação dos turnos com acentuada manutenção das falas num texto sem a estrutura dialógica geral, mas com indicação precisa de autoria das falas e com a aplicação das operações 1-6 do modelo.

Técnica III: transformação dos turnos em citação de conteúdo
Eliminação dos turnos e introdução generalizada das formas do discurso indireto, com citação de conteúdos através dos verbos *dicendi* e surgimento de um texto totalmente monologado, com reordenação dos conteúdos e do léxico, aplicando-se as operações 1-9 do modelo.

A **técnica I** prevê a manutenção dos turnos com a introdução de uma série de elementos contextualizadores e referenciais metalinguísticos. É o caso do

---

43. Qualquer gramática trata de modo bastante claro os procedimentos seguidos nas transformações desta natureza. Sejam eles a mudança de pessoa, de tempo verbal ou acréscimo de verbos *dicendi*.

surgimento das expressões: ((*falando em voz alta*)), ((*respondendo*)), ((*apontando com o dedo*)), ((*olhando para o amigo*)), ((*batendo com a mão na mesa*)) etc. Trata-se sobretudo de uma verbalização de aspectos que na interação face a face são diretamente acessíveis aos interlocutores e que nas transcrições aparecem como comentários do transcritor. Essencial é a manutenção dos turnos com suas características dialógicas.

Exemplo típico para as estratégias utilizadas na **técnica I** das operações especiais na lide com os turnos é o das entrevistas publicadas na íntegra, com indicação dos envolvidos. Também se dá o caso de publicações de discussões, por exemplo, debates publicados na íntegra, tal como ocorrem em geral após uma conferência em que as discussões gravadas são depois publicadas anexas ao texto. Veja-se o caso de textos aqui citados do livro editado por Catach (1996), que são fruto dos debates reproduzidos após as conferências.

Caso interessante a ser ainda estudado é o que diz respeito ao tratamento dado às falas em *atas de reuniões*. Em geral, as atas não trazem as falas na forma de turnos, mas mencionam as falas dentro de uma estrutura comandada pela "pauta" da reunião. O roteiro é essencialmente temático. As falas são resumidas e não retextualizadas. Principalmente quando a ata surge de notas tomadas em tempo real pelo indivíduo encarregado de redigi-la.

Mais interessantes e mais comuns são as técnicas II e III por envolverem um maior número de operações e aspectos mais complexos. A **técnica II**, por exemplo, lembra a possibilidade da *citação de fala* também conhecida como *discurso direto*.[44] A noção de "discurso direto" acha-se comprometida com uma determinada visão retórica, já que citar a fala de alguém não equivale a reproduzir sua fala integralmente, pois esta é apenas uma hipótese, tendo em vista que a citação de fala sempre envolve algum tipo de reformulação ou recriação (veja Marcuschi, 1997). Crucial nessa técnica é o fato de não mais se manterem os turnos, mas persistir uma parcela da produção alheia na inserção de falas diluídas em duas ou mais vozes ainda identificáveis por recursos que na escrita se dão graficamente pela introdução das aspas e atribuição de autoria.

Uma retextualização que opta por repor os turnos pela **técnica II** tem uma série de reproduções aspeadas, mesmo que elas tenham sido "limpadas" pelas operações 1-6. Isto quer dizer que o fato de algo vir entre aspas não é garantia de que seu autor produziu aquilo precisamente daquela forma. No geral, tiramos as hesitações, os marcadores conversacionais e repetições mais evidentes. Tanto assim que em muitos casos desaparece a identidade do produtor, seja no aspecto idioletal ou socioletal.

---

44. Para análises aprofundadas a respeito de todos os procedimentos no caso do discurso direto ou do "discurso reportado", podem-se consultar os estudos de Dóris de A. C. da Cunha, 1992 e 1995.

Bons exemplos de uso diário desta técnica são os artigos de jornal que trazem notícias sobre supostas reuniões a portas fechadas em que são apresentadas falas dos participantes ao lado de longos comentários.

Quanto à **técnica III**, temos a interferência mais conhecida como *discurso indireto* e que aqui é denominada *citação de conteúdo*. Trata-se de uma retextualização bastante acentuada, envolvendo todas as operações do modelo e neutralizando por completo as falas e os turnos individuais dos participantes. Certamente, aqui se dá o maior número de reformulações e substituições lexicais bem como inserções. O texto final passa a ser uma recriação completa com ênfase na *manutenção do conteúdo*. É o que ocorre no caso de entrevistas jornalísticas transformadas em artigos, por exemplo, na divulgação científica. Nesses casos, nem sempre sabemos distinguir a autoria de certas proposições. O trabalho dos suecos Jönsson & Linell (1991) a respeito da produção de narrativas nos inquéritos policiais é um bom exemplo do emprego dessa técnica.

As três técnicas apontadas dificilmente se dão de forma pura. Em geral, temos um misto delas, prevalecendo de modo mais acentuado as **técnicas II e III**. Mesmo no caso de entrevistas publicadas em jornais e revistas como a *Veja* e *IstoÉ* ou outras, temos sempre a eliminação de algumas partes ou resumos iniciais e títulos orientadores da leitura.

Um exemplo típico de como ocorre a **técnica III** pode ser visto na prática dos juízes no assentamento das *tomadas de depoimento*. Vejamos mais um exemplo extraído da dissertação de Alves (1992), para mostrar o que acontece nesses processos de transformação de turnos pela aplicação da **técnica III**.[45]

Exemplo 6a

((o juiz (J) dirige-se ao depoente (D) e indaga a respeito dos fatos ocorridos no dia do crime))	((logo em seguida o juiz faz o assentamento com a seguinte consignação))
J — o senhor assistiu a esse crime? D — não eu estava lá né... assisti ah: éh.: só o tumulto J — como é? D — vi só a:: o tumulto J — viu só o tumulto? D — só	que o depoente estava nas proximidades do local da ocorrência, mas não viu quando o crime foi praticado, que o depoente viu apenas o tumulto

---

45. Agradeço aqui à minha então mestranda e hoje doutora Virgínia Colares Soares F. Alves a possibilidade de usar esses textos tão arduamente transcritos em sua dissertação de mestrado (1992) comentada acima. Os trechos citados neste momento acham-se no *Anexo 2* da referida dissertação.

O juiz prossegue em sua tomada de depoimento após a consignação anterior:

Exemplo 6b

J — ((virando-se para o depoente)) depois do crime passado... depois do crime qual foi o comentário feito na localidade?
D — bem assim me falaram que::/eu nem sei eu num tava lá né então
bateram numa garrafa e ele ((olha para o acusado presente)) e voltou e pediu desculpa então... três ou quatro talvez até mais aí começou a espancar né
J — espancar quem?
D — ((diz o nome do acusado))
J — sim
D — então ele tentou correr... mas só que muita gente
J — sim
D — aquela agitação toda... só

que segundo informações dadas ao depoente através de terceiros, tudo começou por ter o acusado Fulano ((nome)) batido em uma garrafa o que desagradou

Como a situação estava confusa, o juiz retoma o depoimento para depois consignar:

Exemplo 6c

J — quem foi que achou ruim... a vítima o grupo que estava com a vítima ou como foi? ((virando-se para o depoente))
D — como assim
J — quem foi que achou ruim tivesse que o Cicrano/ o Fulano ((acusado))
bateu com a/bateu na garrafa?
D — não assim o comentário surgiu que/
J — sim sim
D — aconteceu por causa dessa garrafa
J — ele bateu na garrafa que estava/Fulano ((acusado)) estava... o Cicrano ((vítima)) ou como é que estava isso?
D — não/a garrafa era do:: do rapaz né então quando ele bateu ele voltou e pediu desculpa... aí não aceitaram e começaram a espancar ele então/

a vítima e o grupo de pessoas que com ela estavam, que por isto a vítima e os demais acompanhantes da mesma passaram a agredir fisicamente Fulano ((acusado))

Finalmente, neste terceiro movimento, o juiz consegue esclarecer o caso:

Exemplo 6d

J — Fulano ((acusado)) já estava armado com o gargalo de garrafa quando começou a apanhar dos/da vítima e dos companheiros dela? *D — não ... assim me falaram que ele não estava armado não* *J — sim* *D — justamente quando começaram espancar a:: única coisa que ele tinha em mãos foi o/realmente foi a garrafa que já tinha se quebrado*	que segundo informaram ainda ao depoente o acusado Fulano está desarmado, quando foi espancado pela vítima e seus companheiros, que o acusado ante a ação dos seus agressores armou-se com um gargalo de garrafa e feriu a vítima

Este conjunto de exemplos sequenciados (6a, b, c, d) mostra como o juiz retextualiza (transforma) uma *entrevista assimétrica*, na qual ele é o principal interlocutor, para um texto monológico com total eliminação dos turnos e contextualização verbalizada a partir de informações que ele deve ter obtido em outros momentos do inquérito. Todos os enunciados vêm encabeçados por uma subordinada integrante que inicia com "que..." relacionada ao verbo básico "declarou que...", que constava no início do depoimento. Notáveis são os processos de contextualização (espacial e temporal) necessários (5ª operação) e as inserções de pressupostos por parte do juiz para completar as informações lacônicas do depoente, bem como a reformulação da linguagem comum em chavões técnicos (7ª operação). Nominalizações e identificação de referentes pela explicitação são as duas estratégias mais comuns que envolvem processos cognitivos cruciais.

O Exemplo 7 é um caso extremo em que uma única palavra do depoente se transforma num enunciado inteiro. Trata-se de um momento em que a palavra é dada ao advogado da defesa que só pode perguntar ao depoente através do juiz, pois, de acordo com as normas jurídicas para o caso, o juiz deve repetir a pergunta para o depoente, sendo proibido que outros além do juiz indaguem diretamente os depoentes ou indiciados. Veja-se como o juiz retoma a pergunta do advogado e em seguida procede à retextualização:

Exemplo 7

J — pois não doutor ((com a palavra o advogado da defesa)) *A — esses comentários aconteceram também no interior do clube ou fora?* *J — esses comentários foram feitos ainda no interior do clube ou já o senhor estava fora do clube quando foram feitos os comentários?* *D — dentro*	que os comentários acerca do crime foram dados ao depoente quando ainda se encontrava no interior do clube

Aqui houve, por parte do juiz, uma modificação da indagação do advogado e uma modificação de sua própria formulação. No caso da modificação feita em cima da formulação do advogado temos uma espécie de transformação da fala$_{1\,(do\,advogado)}$ para a fala $_{2\,(do\,juiz)}$ onde a explicitude necessária estava sendo providenciada e, no passo seguinte, já se tratava de uma modificação da {fala$_2$ + resposta} para a consignação escrita final. Se observarmos este caso, notamos que se deu o mesmo processo que na entrevista de Arnaldo Antunes a Ruy Castro no Exemplo 1.

10. Aspectos gerais de reestilização e relexicalização

Um texto falado, ao passar para um texto escrito, *diminui* em volume e extensão. Mas um texto falado, quando passado para outro texto falado com maior cuidado fica mais longo. Isto se a operação for feita pelo próprio falante que passa de uma atividade espontânea para uma mais elaborada. Tomemos aqui um exemplo bastante interessante coletado por Dino Preti (1984: 75). A gravação secreta foi realizada logo após um acidente de carro. O falante, de classe média, com curso secundário completo, na faixa dos 26 anos, produziu a seguinte narrativa espontânea:

Exemplo 8

Narrativa em situação espontânea

E capotou. Quer dizer, a frente do carro dele pegou no primeiro carro; e o segundo ele ficou debruçadinho assim, saca? Que gracinha! Aí, né, chegaram: "Ô num sei que, num sei que lá, qué que houve?" Viraram o carro, né. "Cê tá legal, aí? Ô tudo bem, tudo bem. Que cara! Puta, que barbeiro!" num sei o que. Aí: "Ô ajuda a desvirar o carro aí". Desviraram o carro né, e tal e coisa, aí ele falou: "Pô, deixa eu vê se não afetou o motor, né". Ligou o carro, o carro vruuuuuuuuumm, pegou, e ele, tchibuuuuuuummmmm, queimou o chão, pôs o pé no mundo, né. E foi embora.

Logo em seguida, após ouvir a gravação, esse falante achou que sua fala estava muito pouco condizente e solicitou que fosse feita outra gravação. Desta vez o falante estava consciente da situação de gravação e produziu o texto a seguir. Além de uma série de modificações, pode-se notar que houve um sensível aumento no volume de linguagem, o que em geral não ocorre nesses processos de transformação. Acontece, porém, que este falante quis explicitar de forma clara tudo o que não dissera antes. Vejamos:

Exemplo 9

Narrativa consciente

E o carro capotou. Capotou e foi em cima de mais dois carros que estavam do outro lado da rua, que, inclusive, amassou bastante. Certo? Aí, toda aquela confusão, começou a aglomerar gente ali. Todo mundo preocupado com o que tinha acontecido com ele. Perguntaram se ele estava bom. Falou que estava. Aí, ele viu o carro parado ali, falou: "Bom, vamos virar o carro aí, né, pra não atrapalhar o trânsito". Pegaram, desviraram o carro. Como ele não tinha carta, ele não podia ficar lá e esperar a ocorrência, né, apesar de que, se fosse fazer a ocorrência, o certo seria ele, mas sem carta ele estava errado. Então pegou, desvirou o carro e ele falou: "Bom deixa eu ver se o carro está funcionando, né, se não aconteceu nada com o motor, e tal". Ele ligou o carro e o carro pegou. Então pra não ter que esperar a ocorrência ele foi embora.

Apesar de ambos os textos serem produções originalmente faladas, evidenciam diferenças notáveis entre si. Como observa Preti (1984: 76), há uma mudança de registro do primeiro para o segundo, o que o torna mais formal, com enunciados completos e situados. Somem as expressões coloquiais, os vocábulos obscenos, as gírias e a imitação onomatopaica. A própria emotividade diante do fato desaparece. O discurso torna-se mais indireto. Como acertadamente conclui Preti, "existe no falante uma atitude linguística de valorização das formas cultas, como ideais para serem gravadas" (p. 76).

Portanto, as transformações operadas dentro da própria fala evidenciam uma *mudança de estilo* tal como ocorre na transformação de uma modalidade de uso da língua em outra e envolvem muitas das operações previstas no modelo inicial. Isso faz com que se possa aventar a hipótese de que a relação entre a fala e a escrita é fundada acima de tudo em *diferenças de estilo*. Dentro da própria fala existem vários estilos, desde o mais formal (em geral, automonitorado) ao mais informal (sem monitoramento). Assim também ocorre na escrita, de maneira que a fala e a escrita não podem ser vistas como dois estilos dicotômicos e rígidos em si mesmos. Há um conjunto de variações sobrepondo-se ou justapondo-se nesses casos. E muitas dessas questões devem-se a problemas de "atitudes", como bem observa Dino Preti (1984: 69-76) ao analisar as *atitudes* dos falantes em relação à *correção linguística* na oralidade.

Interessante é, também, a mudança que se opera sobretudo na retextualização que altera basicamente o *registro*, numa espécie de *procedimento de tradução*, que exigirá uma atividade de compreensão muito acentuada. Vejam-se os Exemplos 10 e 11 com duas versões do mesmo texto, sendo um, o (10), transcrito de um depoimento no tribunal do júri, supostamente falado por um malandro carioca e aparecido no *Correio da Manhã* (Rio de Janeiro, 05/04/1979), e o outro texto (11), no mesmo jornal, dado como "tradução" do texto original, feita por um policial na forma padrão.[46] Embora ambos tenham sido *originalmente escritos*, os dois envolvem operações previstas no modelo geral do Diagrama 2. Mas sobremaneira evidenciam uma operação central que foi a da transmutação do registro.

Exemplo 10

O pitoresco na justiça
(Num de seus inúmeros depoimentos na Justiça, Zé da Ilha, "o Saudoso", prestou esta declaração.)

— Seu doutor, o patuá é o seguinte: depois de um gelo da coitadinha resolvi esquiar e caçar uma outra cabrocha que preparasse a marmita e amarrotasse o meu linho de sabão. Quando bordejava pelas vias, abasteci a caveira, e troquei por centavos um embrulhador. Quando então vi as novas do embrulhador, plantado como um poste bem na quebrada da rua, veio uma paraqueda se abrindo. Eu dei a dica, ela bolou. Eu fiz a pista, colei. Solei, ela bronquiou. Eu chutei. Bronquiou mas foi na despistas porque, muito vivaldino, tinha se adernado e visto que o cargueiro estava lhe comboiando. Morando na jogada, o Zezinho aqui, ficou ao largo e viu quando o cargueiro jogou a amarração dando a maior sugesta na recortada. Manobrei e procurei engrupir o pagante, mas sem esperar recebi um cataplum no pé do ouvido. Aí, dei-lhe um bico com o pisante na altura da dobradiça, uma muquecada nos amortecedores e taquei os dois pés na caixa da mudança, pondo por terra. Ele se coçou, sacou a máquina e queimou duas espoletas. Papai muito rápido, virou pulga e fez a Dunquerque, pois vermelho não combinava com a cor do meu linho. Durante o boogie, uns e outros me disseram que o sueco era tira e que iria me fechar o paletó. Não tenho vocação pra presunto e corri. Peguei uma borracha grande e saltei no fim do carretel, bem vazio, da Lapa, precisamente às quinze para a cor de rosa. Como desde a matina não tinha engulido gordura, o ronco do meu pandeiro estava me sugerindo sarro. Entrei no china pau e pedi um boi à Mossoró com confeti de casamento e uma barriguda bem morta. Engolia a gororoba e como o meu era nenhum, pedi ao caixa pra botá no pindura que depois eu ia esquentar aquela fria. Ia me pirá quando o sueco apareceu. Dizendo que eu era produto do mangue, foi direto ao médico legal pra me esculachar. Eu sou preto mas não sou o Gato Félix, me queimei e puxei a solingem. Fiz uma avenida na epiderme do moço. Ele virou logo América. Aproveitei a confusão pra me pirá, mas um dedo duro me apontou aos xipófagos e por isto estou aqui.

Atordoado, o juiz mandou chamar um "tradutor" que esclareceu o seguinte:

Exemplo 11

Tradução do depoimento

— Senhor Doutor, a história foi a seguinte: depois que fui abandonado por minha companheira, resolvi procurar uma outra que me preparasse a comida e lavasse meus ternos. Quando caminhava pela rua, entrei num botequim, tomei uma cachaça e comprei um jornal. Depois de ler as notícias do jornal, encostado num poste, na esquina da rua, vi que uma morena se aproximava toda faceira.

---

46. O texto aparece em: Preti, Dino. 1979. *Português Oral e Escrito*. São Paulo, Editora Nacional, v. 8, p. 227-228.

Olhei-a, ela também. Segui-a de longe e olhando de soslaio para trás, vira que seu companheiro a seguia. Percebendo o jogo, fiquei de longe e vi quando ele a segurou pelo braço e mandou-a para casa. Fui saindo, mas antes de poder me afastar mais, o amásio da moça me agrediu. Revidei dando--lhe com o sapato um chute no peito, um soco no maxilar e de um salto, com outro chute no peito, joguei-o por terra. Ele sacou sua arma e atirou, mas eu já havia fugido, porque o sangue não combinava com a cor do meu terno. Durante a briga, disseram-me que o moço era policial e me mataria. Não tenho vocação para defunto. Corri e peguei um ônibus, descendo no fim da linha, no Largo da Lapa, precisamente às 15 para as seis horas (hora do crepúsculo). Como desde manhã não havia me alimentado, e meu estômago reclamava, entrei num restaurante chinês e pedi um bife a cavalo com arroz e uma cerveja preta bem gelada. Tomei a refeição e como não tinha dinheiro, pedi ao caixa para assentar no caderno que depois eu pagaria a conta. Ia sair quando o policial apareceu. Disse que eu era malandro, e foi direto ao cozinheiro para falar mal de mim. Eu sou preto, mas não sou Gato Félix, fiquei aborrecido e puxei da navalha. Agredi o meu rival. Ele ficou todo ensanguentado. Aproveitei a confusão para fugir, mas alguém me delatou apontando-me aos "Cosme e Damião" e por isto eu estou aqui.

Nestes dois textos temos versões escritas, pois não há, no primeiro, as características fundamentais da fala, tais como hesitações, truncamentos, autocorreções, marcadores conversacionais etc. Neste caso, a consciência linguística do autor desses textos revela uma ênfase no aspecto lexical (gíria *versus* padrão) para distinguir a suposta fala de sua suposta *tradução*. Os demais aspectos (sobretudo os morfossintáticos) assemelham-se muito, com exceção de algumas construções mais elaboradas no segundo texto e a presença dos clíticos. Como se vê, a operação situou-se especialmente na estratégia da substituição lexical.

Evidentemente, os textos (10 e 11) não trazem uma contribuição significativa para a observação de processos de retextualização, mas indicam a consciência de um aspecto muito comum quando se aponta a diferença essencial entre fala e escrita. Há um vetor que todos julgam crucial: *léxico mais formal*. Certamente, o léxico é uma marca importante na caracterização da oralidade, mas deveríamos ter alguma cautela quanto a este aspecto. Peso excessivo dado ao léxico também se verifica no caso dos autores de livros didáticos que identificam nele uma das diferenças básicas entre oralidade e escrita (veja sobre esta questão Marcuschi, 1997a).[47]

Do ponto de vista do ensino de língua e da análise de textos literários, vale a pena lembrar algumas obras que trataram da relação entre a literatura e a oralidade, particularmente no que tange ao problema dos diálogos e do léxico. Entre esses estudos estão especialmente Abuêndia P. P. Pinto (1979), sobre os níveis sociolinguísticos na obra literária, em especial em *Pigmalião* de B. Shaw;

---

47. Nunca é demais frisar que a diferença básica entre oralidade e escrita não está no *léxico* nem em outro aspecto do código em si, mas nos *processos* de textualização que envolvem, entre muitos outros aspectos, também fenômenos lexicais.

Dino Preti (1984, 1993a, 1994), sobre os níveis sociolinguísticos na literatura e as relações entre "língua falada e o diálogo literário"; Hudinilson Urbano (2000), a respeito da oralidade na obra literária. O tema é atual, foi pouco analisado entre nós e está merecendo uma retomada pela relevância das questões que envolve.

Para se ter uma ideia do problema, remeto a uma observação feita por Preti (1984: 118-120) em estudo sobre a língua oral e a literatura, numa citação do romance *São Bernardo*, de Graciliano Ramos, em que o personagem central, Paulo Honório, notável por sua secura e agressividade, reporta-se ao seu fazer literário. Paulo Honório, após apresentar um diálogo um tanto duro numa linguagem macia, justifica sua linguagem advertindo o leitor a respeito de seu estilo, dando "sua concepção de até onde poderá servir-se da língua falada e o que será necessário expurgar dela, levando em conta os seus propósitos" (Preti, 1984: 119). Isso se revela nesta passagem de *São Bernardo*, citada por Dino Preti (p. 119):

> Esta conversa, é claro, não saiu de cabo a rabo como está no papel. Houve suspensões, repetições, malentendidos, incongruências, naturais quando a gente fala sem pensar que aquilo vai ser lido. Reproduzo o que julgo interessante. Suprimi diversas passagens, modifiquei outras. O discurso que atirei ao mocinho do rubi, por exemplo, foi mais enérgico e mais extenso que as linhas chochas que aqui estão... É o processo que adoto: extraio dos acontecimentos algumas parcelas: o resto é bagaço. Ora, vejam. Quando arrastei Costa Brito para o relógio oficial, apliquei-lhe uns quatro ou cinco palavrões obscenos. Esses palavrões, desnecessários porque não aumentaram nem diminuíram o valor das chicotadas, sumiram-se, conforme notará quem reler a cena da agressão, cena que, expurgada dessas indecências, está descrita com bastante sobriedade.

Graciliano Ramos faz seu personagem, Paulo Honório, explicitar sua visão da linguagem oral com muito "bagaço", em contraposição à "sobriedade" que a linguagem literária deveria mostrar. Ao mesmo tempo em que diz isso, ironicamente mostra que o discurso oral é "mais enérgico" e exibe uma força bruta que deve ser "expurgada". Por outro lado, expõe como que uma "metodologia" de transposição ou retextualização que, segundo comenta Preti (1984: 120),

> denuncia todo um complexo processo de elaboração, através do qual começa por eliminar a prolixidade da fala, com seus naturais truncamentos frásicos, para ficar numa linguagem enxuta, despojada, em que evita cuidadosamente a 'cor local', como índice exclusivo do regionalismo.

Estas sugestões de trabalho e propostas de análise, seja da linguagem oral espontânea ou da linguagem literária, podem ser enquadradas precisamente no contexto dos processos de retextualização tão pouco apreciados e exercitados em sala de aula no ensino de língua. Maior atenção para este aspecto, seja em sala de aula, seja em investigações acadêmicas poderá render não só maior conhecimento sobre os usos linguísticos, mas luzes esclarecedoras sobre a variedade e a riqueza desses usos.

11. Análise de algumas retextualizações

Não é difícil obter dados de retextualizações. Basta dispor de gravações e transcrições que o trabalho pode fluir de maneira bastante proveitosa. No caso de ser utilizado em contextos de ensino, o método serve para avaliar o grau de consciência linguística e o domínio da noção das relações entre o texto oral e o texto escrito. No geral, o procedimento deve ser controlado sob dois aspectos:

a) os dados devem ser autênticos e

b) as tarefas devem ser claramente propostas.

Textos falados autênticos e suas retextualizações obtidas em processos de transformação claramente sugeridos evidenciam com riqueza de detalhes os fatos aqui analisados. No caso de todas as retextualizações a seguir trabalhadas, procedeu-se da seguinte maneira em relação à explicação da tarefa proposta:

Tarefa proposta pelo(a) investigador(a):

— *Tomem a transcrição que aparece nesta folha e ouçam a fita com a fala original. Depois disso, ponham o texto da transcrição na forma como ele poderia ter sido escrito. Vocês vão fazer, portanto, uma passagem da fala para a escrita. Podem retornar à audição da fita quantas vezes quiserem.*

O que temos a seguir é o primeiro resultado da já comentada experiência realizada em 1989 no Recife. O texto oral utilizado tinha a maioria dos fenômenos relativos à fala, com exceção da troca de turno, já que se tratava de um turno longo que se assemelha a um monólogo. O texto faz parte do *corpus* do Projeto NURC (Recife) e foi produzido por uma professora universitária durante um diálogo com um colega sobre problemas de comunicação.

Exemplo 12

Texto original para transformação

1 Ela — o que eu acho engraçado é que toda vez que um biólogo
2 começa falá em controle da natalidade e programação
3 da sociedade... ele é taxado imediatamente de nazista e fascista ...

```
 4  porque essa ressalva que eles fazem...essa reação que o povo
 5  tem em geral até hoje eu num entendi...porque olhe... se nós
 6  vivemos numa sociedade em que as camadas mais pobres da
 7  população ... apresentam um índice de natalidade mais alto...
 8  significa o quê? ... que a:: ... daí a um determinado tempo...
 9  o índice mental dessa sociedade vai cair... então se a gente
10  faz um controle científico dessa dessa natalidade eu acho que
11  vai repercutir para o BEM da sociedade... e não para o mal...
12  outra coisa... o controle também de pessoas que não podem
13  ter filhos porque geneticamente elas são inaptas são
14  capazes de transmitir doenças... que seria válido esse
15  controle... quer dizer que uma pessoa que uma pessoa antes
16  de casar faria um controle genético um cariotipo... e se ela fosse
17  transmitir alguma doença então ela seria impedida de... ter
18  filhos... mas sempre que a gente fala sobre isso imediatamente
19  a reação... é nazista é fascismo eu não sei de onde provém isso...
20  talvez vocês tenham alguma ideia... eu não sei de onde vem essa
21  reação do homem ou então... original de religião... o que é que
22  você acha?
23  Ele — não... eu acho que é mais um... /.../
```

Produzido em situação de coleta controlada quanto ao tópico e falantes, o texto (12) apresenta uma série de características típicas da fala, tais como hesitações, repetições, cortes sintáticos, marcadores conversacionais e autocorreções. É certo que estes elementos não têm uma presença muito grande, mas isto é relevante, pois a transformação de um texto nesse formato é mais simples e permite um trabalho com menor esforço.

Vejamos alguns textos produzidos na transformação. O primeiro deles é de um estudante do 4º período de Letras da UFPE. (Para maior facilidade no acompanhamento, vou citar as transformações sempre com o número do exemplo-base e uma sequenciação do tipo: 12.1; 12.2 etc.)

Exemplo 12.1

Texto transformado

1 Sempre que os biólogos abordam o assunto Controle da Natalidade e
2 programação da sociedade, são taxados imediatamente de nazistas e
3 fascistas. Essa é uma reação que não entendemos. Porque se vivemos
4 numa sociedade em que as camadas mais pobres da população apresentam
5 um índice de natalidade mais alto, significa que, daqui a um determinado
6 tempo, o índice mental desssa sociedade vai cair, então se é feito um controle
7 científico dessa natalidade, naturalmente que será para o BEM da sociedade.
8 Outro ponto importante é o controle de pessoas que não podem ter filhos,
9 porque geneticamente são capazes de transmitir doenças, então esse controle
10 deveria ser feito antes do casamento para evitar determinados problemas.

DA FALA PARA A ESCRITA: PROCESSOS DE RETEXTUALIZAÇÃO 101

11 Agora, se é para o bem da sociedade, então por que a reação contrária?
12 Por que o medo de abordar o assunto? Seria uma questão religiosa?

A retextualização (12.1) não chegou a introduzir parágrafos porque, segundo o estudante que a produziu, um aluno do 4° período de Letras, tratava-se de um conteúdo único. Por outro lado, não houve uma reordenação de conteúdos, ficando tudo na mesma sequência. A mudança mais significativa deu-se na eliminação das pausas, introdução da pontuação e no enxugamento geral do texto com eliminações significativas. Quanto a isso, o texto original que tinha 220 palavras (contando aí os artigos, pronomes, preposições, verbos etc.), ficou com 147 palavras na versão final escrita, o que representa uma redução da ordem de 34%, ou seja, ele passou a ter em torno de 2/3 do original. Esta proporção não é ainda muito alta, pois em geral as reduções são maiores. Algumas operações que apareceram foram as seguintes:

1. (1ª operação): os marcadores típicos da conversação do tipo *"o que eu acho"* ou *"porque olhe"* desaparecem pura e simplesmente; também desaparecem as hesitações;
2. (2ª operação): a inserção da pontuação é clara e segue a entoação, coincidindo no geral com as pausas (aqui indicadas com ...);
3. (3ª operação): as repetições são eliminadas;
4. (4ª operação): não é seguida na medida em que não houve paragrafação e a ordem geral permaneceu a mesma;
5. (5ª a 7ª operações): o pronome *eu* foi sistematicamente transformado para *nós,* o que inverte a perspectiva egótica da fala (note-se que a escrita elimina o *eu*); a forma típica de referenciar genericamente na fala com exóforas como "por que essa ressalva que eles fazem" desaparece já que o eles não tem referente e é substituída por uma construção passiva "essa é uma reação que"; nota-se aqui como em outros casos um processo de nominalização; as construções com marcadores retóricos do tipo "significa o quê" são eliminadas e é feita uma construção mais compacta; eliminação sistemática de todas as construções típicas da fala como "a gente", "toda vez que" e "outra coisa".

Ao lado desses aspectos vemos também uma mudança nos tempos verbais e uma reorganização geral dos operadores argumentativos, dando uma sequenciação lógica mais consistente e sistemática.

A seguir, em (12.2), temos uma outra transformação de um aluno do 4° período de Letras da UFPE.

Exemplo 12.2

Texto transformado

1 Vivemos numa sociedade onde as camadas de baixa renda
2 apresentam um elevado índice de natalidade.
3 A tendência de uma sociedade assim é a de apresentar um
4 contingente crescente de pessoas com um índice mental cada vez inferior.
5 Desse modo, o controle de natalidade e o planejamento familiar

> 6 deveriam ser vistos como soluções viáveis e benéficas para a sociedade.
> 7 Por isso, não entendemos o porquê dos biólogos serem chamados
> 8 de "nazistas" ou "fascistas", quando propõem tais soluções.
> 9 Além do mais, poderíamos também evitar o nascimento de crianças
> 10 doentes, geradas por pessoas geneticamente inaptas para a concepção.
> 11 Parece-nos que a não aceitação de tais medidas é uma prova de
> 12 que o homem ainda está sob o domínio de rigorosos preconceitos religiosos
> 13 ou de velhos tabus criados por ele mesmo.

Esta versão apresenta algumas diferenças em relação à anterior. Vejamos:

1. Salta imediatamente à vista a organização paragráfica quase que exagerada deste estudante em relação ao anterior que não pusera parágrafo algum no texto.
2. Além disso, tem-se aqui uma versão ainda mais sintética, em que aparecem apenas 128 palavras das 220 originais, ou seja, houve uma redução de 42%, o que representa quase a metade do material linguístico.
3. Por fim, pode-se dizer que o predomínio das estratégias operacionais mais altas levou o autor desta versão a uma seleção mais variada de substitutos lexicais.

Na transformação a seguir temos uma surpresa, ou seja, o texto foi fortemente falseado, o que, como lembrado anteriormente não era esperado. Testes posteriores, com este e outros textos, mostraram que o falseamento é um procedimento muito comum. Trata-se de uma espécie de "acréscimo", não de um fenômeno linguístico e sim da "falsidade" dos enunciados. Neste caso, o estudante de Letras do 4º período da UFPE, procedeu a uma interpretação do texto original como um passo intermediário rumo à transformação para a modalidade escrita. O texto transformado foi este.

Exemplo 12.3

Texto transformado

> 1 Controle é um dos temas mais discutidos na atualidade,
> 2 principalmente o da natalidade.
> 3 Então, quando os biólogos, estudiosos no que diz respeito
> 4 ao ser vivo, propõem o controle de natalidade e programação da
> 5 sociedade, porém a sociedade que ainda permanece conservadora
> 6 passa a chamá-los de nazista ou fascista, mas sem ter um conteúdo
> 7 mais forte. Pois o que eles querem é uma população digna de seus
> 8 antecedentes, em que os pobres não se percam com a infinidade de filhos que
> 9 possuem. E isso seja benéfico à sociedade.
> 10 O controle também influencia as pessoas geneticamente inaptas
> 11 para que não haja tantas transmissões de doenças.
> 12 No entanto, o medo de que o controle seja positivo, talvez se
> 13 origine da religião, isto não é certo.

No Exemplo 12.3, além do apontado falseamento, temos:

1. Um texto com 122 palavras, o que representa uma redução de 45%.
2. Uma reordenação tópica, mas uma evidente reinterpretação das informações.

Resta saber se os falseamentos podem ser introduzidos na estrutura da retextualização ou se são um fenômeno paralelo. De qualquer modo, revelam uma má compreensão do texto. Isso é comum, como lembrei há pouco. Mas pode ser admitido desde que integrável num esquema geral. Contudo, há casos completamente inexplicáveis.

Há, no entanto, casos de retextualização em que não se pode falar em falseamento, mas em interpretação. Sequer é possível fazer um cotejo para verificar o tipo de mudanças operadas. Trata-se de uma retextualização em que se vai de um gênero a outro, com uma série de consequências. Não é uma atividade fácil, pois exigirá uma atividade interpretativa muito mais desenvolvida. Esta é a posição mais comum no caso dos jornalistas no seu afã diário.

Vejamos o Exemplo 13 (já visto no Exemplo 4) como um protótipo da situação recém-comentada. Traz uma retextualização feita por uma equipe de alunas num Curso de Especialização. A novidade é o tratamento dado aos turnos da entrevista. A opção foi pela eliminação dos turnos, de maneira que não se pode fazer um cotejo claro entre a fonte e o alvo. Note-se que a retextualização foi feita por pessoas que têm familiaridade com o tema e por isso podem acrescer-lhe informações ou utilizar-se de um léxico mais técnico e apropriado que se soma à tendência à formalidade presente nestes tipos de atividade.

Exemplo 13

Entrevista original — Coletada pelo NELFE (Núcleo de Estudos Linguísticos da Fala e Escrita) — Recife, UFPE, 1998 — Texto F 037	Retextualização realizada em 1999 por uma equipe de duas professoras de 2º Grau com Curso de Letras completo
F1 — *depois da matemática o português talvez seja o maior problema dos alunos que terminam carregando pro resto das suas vidas uma certa briga com a gramática... sobre esse assunto eu vou conversar com a professora a. d. ela que é doutoranda em linguística... por que essa coisa da briga... que os alunos têm com a a/o português?* F2 — *olha a meu ver... o principa:l entrave entre o estudo da língua portuguesa nas escolas de primeiro e segundo grau... e os alunos diz basicamente referência ao método como se*	Em entrevista a uma emissora de televisão uma professora universitária, doutoranda em linguística, explica que o maior entrave entre o estudo da língua portuguesa nas escolas de 1º e 2º grau e os alunos está basicamente relacionado ao método como se trabalha a concepção da língua que é utilizada nestas instituições. Afirma que a língua portuguesa não é este fenômeno homogêneo, estático, vinculado à gramática

se trabalha... e também à concepção de língua que se é trabalhada... a língua portuguesa não é esse fenômeno éh:: homogêneo... estático... que é vinculado pela gramática normativa... e pela/infelizmente... pela maioria dos grandes professores de língua portuguesa mas observamos que a língua evolui... a língua muda... e a escola precisa mudar e evoluir pra trazer o aluno que já é um falante e um usuário da língua portuguesa... a se envolver com o estudo da língua portuguesa

F1 — o português então não é uma língua difícil?
F2 — ... olha... se você parte do princípio... que a língua portuguesa não é só regras gramaticais... não se você se apaixona pela língua que você... já domina que você já fala ao chegar na escola se o teu professor CATIva você a ler obras da literatura... obras da/ dos meios de comunicação... se você tem acesso a revistas... éh:: a livro didáticos... a:: livros de literatura o mais formal... o e/o difícil é porque a escola transforma com eu já disse as aulas de língua portuguesa em aNÁlises gramaticais

normativa pela maioria dos grandes professores de língua portuguesa. A língua evoluiu e a escola também precisa mudar e evoluir para fazer com que o aluno que é falante e usuário da língua portuguesa se envolva cada vez mais com o estudo da língua materna.

Mostra que se considerarmos que a língua portuguesa não é só regras, fica fácil então perceber que ela não é tão difícil. É preciso se apaixonar pela língua que já se domina e que já se fala desde quando se chega à escola. O professor tem o papel de cativar o aluno para que ele leia as obras literárias, dos meios de comunicação, revistas, livros didáticos e leituras mais formais.

Muitas são as possibilidades de tratamento de entrevistas quando trabalhadas visando à impressão. Uma alternativa é a que vimos acima e outra seria a que adota a estratégia presente no Exemplo 13.1, preservando os turnos e criando uma entrada inicial. Na realidade, permanecem mais informações quando se opta por essa estratégia. Além disso, mantém-se com mais fidelidade o estilo do entrevistado. Em especial quando a entrevista foi feita num meio tão exigente quanto a televisão e com pessoa de formação universitária.

Exemplo 13.1

Entrevista original — Coletada pelo NELFE (Núcleo de Estudos Linguísticos da Fala e Escrita) — Recife, UFPE, 1998 — Texto F 037	Retextualização realizada em 1999 por uma equipe de três professores de 2º grau com Curso de Letras completo
F1 — depois da matemática o português talvez seja o maior problema dos alunos que terminam carregando pro resto das suas vidas uma certa briga com a gramática... sobre esse assunto eu vou conversar com a professora a. d. ela que é doutoranda em linguística...	Depois da Matemática, o Português talvez seja o maior problema dos alunos que carregam para o resto de suas vidas uma certa dificuldade em Gramática. Sobre esse assunto, entrevistaremos a professora ANA CRISTINA ROCHA, doutoranda em Linguística.

por que essa coisa da briga... que os alunos têm com a a/o português?

F2 — *olha a meu ver... o principa:l entrave entre o estudo da língua portuguesa nas escolas de primeiro e segundo grau... e os alunos diz basicamente referência ao método como se se trabalha... e também à concepção de língua que se é trabalhada... a língua portuguesa não é esse fenômeno éh:: homogêneo... estático... que é vinculado pela gramática normativa... e pela/infelizmente... pela maioria dos grandes professores de língua portuguesa mas observamos que a língua evolui... a língua muda... e a escola precisa mudar e evoluir pra trazer o aluno que já é um falante e um usuário da língua portuguesa... a se envolver com o estudo da língua portuguesa*

F1 — *o português então não é uma língua difícil?*

F2 — *... olha... se você parte do princípio ... que a língua portuguesa não é só regras gramaticais... não... se você se apaixona pela língua que você... já domina que você já fala ao chegar na escola se o teu professor CATIva você a ler obras da literatura... obras da/dos meios de comunicação... se você tem acesso a revistas... éh:: a livros didáticos... a:: livros de literatura o mais formal... o e/o difícil é porque a escola transforma como eu já disse as aulas de língua portuguesa em aNÁlises gramaticais*

Folha: Por que os alunos, de um modo geral, encontram tanta dificuldade em Português?

ACR: Do meu ponto de vista, os principais obstáculos entre o estudo da Língua Portuguesa e os alunos das escolas de 1º e 2º graus, concentram-se basicamente no conceito que têm de Língua Portuguesa e aos métodos usados pelos professores, pois como a língua evolui, a escola precisa acompanhar essas mudanças para fazer com que o aluno que, é um falante usuário, se envolva com o estudo da mesma.

Folha: O Português não é uma língua difícil?

ACR: Não, partindo do princípio de que a Língua Portuguesa não se restringe a regras gramaticais. Se o aluno se interessa pela língua que ele domina e fala ao chegar na escola, cabe ao professor incentivá-lo a ler obras literárias, dando-lhe acesso a revistas, livros didáticos, textos mais formais, tornando-a fácil e prazerosa. O problema é que a escola transforma as aulas de Língua Portuguesa em análises gramaticais.

Na retextualização apresentada no Exemplo 13.1, temos várias questões a observar:

1. A primeira pergunta é transformada em cabeçalho, o que retira de seu *status* de indagação.
2. A pergunta foi atribuída não mais a uma entrevistadora de TV e sim a um jornal.
3. A entrevistada é identificada por um nome inventado pelas retextualizadoras, já que ele não aparece em momento algum nos materiais distribuídos para a tarefa (só temos a indicação das iniciais "a. d.").
4. As respostas preservam a imensa maioria das unidades proposicionais.

Comumente, no entanto, as operações de transformação da fala para a escrita primam por uma redução elevada de elementos linguísticos que vão além das hesitações e dos marcadores, e por uma tendência geral à substituição de expressões quando o indivíduo possui maior maturidade na escrita. A eliminação se dá principalmente na classe das denominadas palavras de função, ou seja, nos elementos que operam como artigo, pronome, preposição, conjunção etc. Permanecem mais os itens do tipo substantivo, verbo e adjetivo, cuja substituição é, em geral, mais problemática. Seria interessante a realização de um levantamento minucioso em situações diversas de retextualização para saber o que é mais eliminado e de que modo. Inexistem estudos sobre a questão.

Observemos agora um outro gênero textual, isto é, um texto narrativo, e vejamos como foi a transformação operada por alunos do primeiro e segundo graus. A narrativa foi extraída de uma entrevista do Projeto NURC do Recife (Inq. 99-DID).

No caso da narrativa do Exemplo 14, temos 254 palavras e um grande conjunto de hesitações. Como não houve troca de turno neste contexto, torna-se mais fácil a retextualização.

Exemplo 14

Texto original para transformação

1 /.../ quando ingressei nos Estados Unidos... por Miami uma das vezes eu levava a
2 minha mãe que era uma senhora de setenta e: dois anos de idade... e: coitada... ela
3 foi fazer companhia a minha esposa que tava grávida... e foi interessante que: como ela
4 sabia que ia passar oito meses ... lá nos Estados Unidos ... então levou todas
5 as ferramentas de fazer flores de papel:: aquele negócio todo só vendo o que ela
6 levou... como bagagem... e o funcionário da alfândega americana ... realmente ficou
7 preocupadíssimo que significava aquilo tudo né?... aqueles ferrinhos e ferros em bola
8 e: e: a impressão que dava é que ela levava um um verdadeiro arsenal de espionagem ((ri))
9 internacional... e: no meio dessa história toda ela levava também (4 s) um pó... éh:: ...
10 ocre né?... é uma espécie de uma tinta... de/que se em geral se pintava eu não sei se
11 pinta hoje rodapé... de casas... ela levava porque ela utilizava esse ocre... para pintura...
12 ou:: modificação da das cores dos panos... né? ou a pintura dos panos que faz/com os
13 quais ela fazia as flores de papel e de pano... e o rapaz implicou com o ocre... entende?
14 implicou e puxou o ocre pra cá e puxou o ocre pra lá e terminou quebrando o o:: o... o
15 vidro de ocre... no meio da da das coisas espalhadas dentro do:: do...do balcão e
16 coitada de minha mãe... e ela foi apanhar porque não sabia se nos Estados Unidos ia
17 encontrar ocre ... né?

Tomemos, primeiro, a retextualização de uma aluna da terceira série do 1º grau, com um desempenho bastante precário na escrita, mas que já demonstra ter um domínio básico das diferenças entre a fala e a escrita. O texto produzido pela aluna trouxe uma forte redução no que respeita aos elementos esperados (aplicação das primeiras quatro operações). O texto transformado foi o seguinte:

Exemplo 14.1

Transformação do texto por aluna da 3ª série do 1° grau, 10 anos, escola particular

1 — *Quando fui nos Estados Unidos por Miami uma das vezes eu levei minha mãe uma*
2   *senhora de 72 anos.*
3 — *E coitada, ela foi fazer companhia a minha esposa que estava gravida e foi interessante.*
4 — *Como ela sabia que ia passar oito meses lá nos Estados Unidos, então levou todas as*
5   *ferramentas para fazer flores de papel.*
6 — *Só vendo aquele negócio todo que ela levou como bagagem.*
7 — *E o funcionario da Alfândega americana ficou muito preocupado.*
8 — *Ficou muito preocupado com o que significava aquilo tudo?*
9 — *Aquelas ferramentas em bolas...*
10 — *E a impressão que dava que ela levava ferramenta de espionagem.*
11 — *No meio dessa história toda ela levava 4 sacos de ocre. É uma espécie de tinta.*
12 — *E o rapaz implicou com o ocre.*
13 — *E puxou o ocre pra cá e pra lá e terminou quebrando o vidro do ocre.*
14 — *No meio das coisas espalhadas no balcão a coitada apanhar porque não sabia*
15   *se ia encontrar nos Estados Unidos.*

Um aspecto que salta à vista aqui é o da paragrafação. Note-se que a aluna aprendeu que em falas se põe um travessão no início. Assim, sendo consequente, ela pôs um travessão em cada novo período como se fosse um novo turno. Este acréscimo foi uma paragrafação excessiva e faltou um domínio da estratégia da indicação de fala apenas na mudança de falantes e não em cada unidade.

Há um detalhe pitoresco neste texto, que vem na linha 11, quando a aluna transformou o sinal de transcrição (4 s), que significa 4 segundos, em "4 sacos de ocre". A redução, mesmo contando com o fato de uma eliminação de conteúdo, ficou em 40%, ou seja, sobrou pouco mais da metade. É interessante notar como já nesta fase inicial do aprendizado da escrita há uma completa eliminação de todos os marcadores conversacionais e hesitações. Verificam-se ainda as operações 2-4 com a introdução da pontuação e alteração de alguns elementos lexicais, mas sem grande consistência. A retextualização (14.1) quase não opera mudanças na ordem das frases, procede a poucas substituições lexicais e continua com repetições sem um tratamento do estilo.

Quanto à retextualização seguinte, realizada a partir do mesmo Exemplo 14 por uma aluna da oitava série do 1° grau, com um nível de instrução maior, pode-se observar que não houve uma redução muito grande, ficando em 25%.

Exemplo 14.2

Transformação do texto por aluna da 8ª série do 1° grau, 14 anos

1   *Quando ingressei nos Estados Unidos por Miami, uma das vezes eu levava a minha mãe*
2   *que era uma senhora de setenta e dois anos de idade, coitada! Ela foi fazer companhia*

3 *para minha esposa que estava grávida, e foi interessante que, como ela sabia que íamos*
4 *passar oito meses nos Estados Unidos, levou todas as ferramentas de fazer flores de*
5 *papel, aquele negócio todo como bagagem, e o funcionário da alfândega realmente*
6 *ficou preocupadíssimo com o que significava aquilo tudo. Aqueles ferrinhos e ferros*
7 *em forma redonda, a impressão que dava era que ela levava um verdadeiro arsenal*
8 *de espionagem internacional, e no meio dessa história toda ela levava também um pó,*
9 *chamado "ocre". É uma espécie de tinta, que em geral se pintava roda pé de casas.*
10 *Ela levava porque utilizava-o para a modificação das cores, da pintura dos panos*
11 *e o rapaz implicou com o ocre. Puxou-o para um lado e para o outro e terminou*
12 *quebrando o vidro de ocre no meio das coisas espalhadas dentro do balcão, e*
13 *coitada da minha mãe, foi apanhar porque não sabia se nos Estados Unidos ia*
14 *encontrá-lo.*

Também não se verifica a inserção de parágrafo, pois a impressão é de que se tratava de uma única fala sem ter que mudar de parágrafo, como é comum em narrativas escritas. Significativas, neste caso, são algumas estratégias utilizadas, tais como a substituição por expressões mais próprias da escrita, como no caso da linha 11, onde se lê: "puxou-o para um lado e para o outro", substituindo a expressão da fala que figurava no Exemplo 14, na linha 14, onde se ouvia: "puxou o ocre pra cá e puxou o ocre pra lá".

A consistência da mudança da expressão e da introdução do clítico volta a se dar em outros momentos, como nas linhas 10 e 14. Há interessantes soluções para a eliminação de hesitações como nas linhas 8 e 9: "ela levava também um pó, chamado 'ocre'", em substituição às linhas 9 e 10 do Exemplo 14: "ela levava também (4 s) um pó... éh:: ... ocre né?...".

No geral, porém, não houve uma mudança sensível, podendo-se dizer que as últimas operações não se realizaram. Parece que até a 8ª série estas operações não ocorrem com muita facilidade.

Vejamos agora um outro exemplo de língua falada em que ainda se dá uma narrativa, mas com uma incipiente participação da documentadora (o texto foi extraído do *corpus* do Projeto NURC do Recife).[48] Era esperado que fossem feitas algumas referências a esta participação da interlocutora. Contudo, isso não ocorreu em nenhum dos casos e tudo o que se viu em relação a essa participação foi a menção de uma interlocutora ou a incorporação de algumas de suas reações sem explicitação do fato.

---

48. Agradeço à amiga, colega e professora Dra. Maria da Piedade Moreira de Sá o acesso a estes textos do Projeto NURC-Recife.

Exemplo 15

Texto original para transformação

1 L2 — e ela mora lá... mas ela é... bem velhinha... maluca né? ela até hoje não sabe das coisas ela
2   esquece os nome ela:: a mim ela sabe... mas eu invento história pra ela... e ela acredita
3   em todas as história que eu invento... perturba mui:to a vida de minha irmã porque não
4   tem/... os conceitos de higiene dela já sumiram... só gosta de andar mulamba...
5 L1 — ((riu))
6 L2 — quem chegar na casa de minha irmã ela corre com aqueles mulambo pra atender...
7   faz ene coisas... inclusive quando morava ainda nessa casa... com mamãe tem um
8   jardim grande tem um portão de: de pedestre né? e tem o portão de carro...normalmente
9   a gente só entrava no portão de carro que o de pedestre tinha muita planta...
10 L1 — uhm
11 L2 — então nunca a gente entrava por ali e minha tia que mora junto... fez uma reforma
12   no banheiro das empregadas jogou fora um aparelho... ela não admitiu
13   o aparelho tava quebrado ela não admitiu que jogar fora não é possível e resolveu
14   guardar....o lugar que ela guardou no jardim lá de casa... mas na frente... assim
15   no jardim...perto desse portão... quem passava pelo
16 L1 — a bacia do aparelho?
17 L2 — a bacia do aparelho usada antiga velha e amarelada... sabe?... aquela bacia
18   branca que fica amarela... ali guardada...
19 L1 — áh: .. meu Deus do Céu
20 L2 — e o pior é que passou um tempo e a gente não via porque... entra/vinha carro né?
21 L1 — sei:: ... não passava por ((riu))
22 L2 — entrava pelo portão de carro...
23 L1 — ((rindo)) tá lá enfeitando o jardim
24 L2 — e as empregadas que aguavam o jardim... não ligavam do terraço você não
25   via...via do muro... que era pior né?... no meio do terraço tinha um cajueiro
26   e tem umas plantas
27 L1 — que coisa engraçada
28 L2 — que cobrem o muro... você vê muito bem o muro... não é?
29 L1 — uhum
30 L2 — mas quem passava pelo muro a pé via aquele aparelho enfeitando o jardim...
31   até o dia que um tio meu chegou...
32 L1 — ai:: que coisa engraçada ((ri))
33 L2 — e foi entrar por aquele portão aí gritou pra minha mãe: I. que coisa lin::da... eu
34   não sabia que isso era moda...
35 L1 — pra que esse jarro tão...
36 L2 — eu vou até comprar uns pra botar no meu jardim... por que você não
37   planta cravo dentro? ... ficava mais bonito...
38 L1 — ai meu Deus
39 L2 — aí mamãe "dentro de que que não estou vendo nada?"
40 L1 — que coisa mais engraçada

41 L2 — "eu não sabia que você usava aparelho para enfeitar o jardim"... aí foi que mamãe
42   foi ver... só faltou morrer de raiva... porque todo mundo naquelas três semanas
43   passou por ali viu aquele lindo aparelho enfeitando o jardim de minha casa...
44 L1 — que coisa curiosa né? ((rindo))
45 L2 — então ela tem essas maluquices né?

A transformação apresentada no Exemplo 15.1 refere-se ao texto de um estudante do 6º período do Curso de Jornalismo e que domina muito bem a escrita. Observe-se que o estudante preferiu a alternativa de situar a narrativa no mesmo contexto elaborado pela falante, mas com algumas reordenações tópicas. Definiu com clareza os parágrafos e tratou-os de modo independente. Quanto à redução, o texto original de 434 palavras ficou com 304 na versão a seguir, uma redução da ordem de 40%.

Exemplo 15.1

Transformação do texto por aluno de Jornalismo da UFPE, 6º período

1   Ela mora na casa de minha irmã e está bem velhinha, amalucada. Esquece os
2   nomes, não sabe das coisas, reconhece poucas pessoas. Acredita em tudo que é
3   história que eu invento; já perdeu os conceitos de higiene, só quer andar
4   esmulambada. Perturba muito a vida de minha irmã... de vez em quando,
5   pronto, já aprontou alguma.
6   Uma vez, quando morava ainda com minha mãe, aconteceu uma coisa engraçada.
7   Minha tia, que morava junto da casa, fez uma reforma no banheiro das empregadas
9   e jogou fora um aparelho, muito usado, antigo, amarelado mesmo. Mas ela não admitiu
10 que o aparelho estava quebrado, tem dessas maluquices, resolveu guardar o dito
11 cujo. Botou o danado bem na frente do jardim de casa, na entrada do portão pequeno.
12 Como na casa de minha mãe a gente sempre entrava pelo portão dos carros,
13 esse portão pequeno ficava escondido por detrás de uma porção de
14 plantas, até um cajueiro tinha. De dentro de casa ninguém via aquele despropósito,
15 só as empregadas quando iam aguar o jardim, mas essas, essas nem ligavam. Da rua,
16 porém, o negócio era bem visível; quem passasse por ali a pé poderia ver "aquilo",
17 por cima do muro.
18   A coisa ficou nesse pé durante três semanas, três semanas inteirinhas. Até
19 que um dia chegou um tio meu pra visitar a gente; quando meu tio foi entrar pelo
20 portão dos pedestres deu de cara com aquela escultura barroca... foi uma cena
21 engraçadíssima, porque titio entrou em casa morrendo de rir, perguntou logo
22 à mamãe se "aquilo era moda". Mamãe não entendeu nada, na maior inocência.
23 Então, titio só faltou ter um troço de tanto dar risada, ficou sem fôlego,
24 e com uma voz bem cínica disse que o jarro era lindo, "devia plantar cravos dentro".
25 Claro que mamãe foi ver o que era e ficou estatelada, e com uma raiva medonha
26 de pensar quantas pessoas haviam de ter visto aquele objeto inusitado plantado
27 no seu jardim.

DA FALA PARA A ESCRITA: PROCESSOS DE RETEXTUALIZAÇÃO   111

Este estudante adotou uma estratégia de substituição introduzindo novos itens lexicais, o que conduziu a uma diminuição do senso de humor da narradora original. Veja-se, por exemplo, a conclusão da narrativa, que no texto original, linha 43, trazia: "aquele lindo aparelho enfeitando o jardim de minha casa", que passou para o seguinte na nova versão, linhas 26 e 27: "aquele objeto inusitado plantado no seu jardim".

Também ocorre a eliminação do humor e do envolvimento, típicos da fala, com uma reorganização completa preservando todas as informações. Refiro-me às linhas 24 e 25 do texto original: "e as empregadas que aguavam o jardim... não ligavam do terraço você não via ... via do muro... que era pior né?... ". Isto foi transformado, nas linhas 14-17, para: "De dentro da casa ninguém via aquele despropósito, só as empregadas quando iam aguar o jardim, mas essas, essas nem ligavam. Da rua, porém, o negócio era bem visível".

De um modo geral, o que se pode ver neste tipo de estratégia que chega aos níveis mais altos das operações de transformação, é que elas se dão por uma assepsia do texto, tirando inclusive o colorido especial do humor e do envolvimento. Em relação às operações especiais no tratamento dos turnos, aqui houve a predileção pela citação de falas ou pelo discurso indireto, eliminando os falantes e instaurando uma narradora.

A retextualização a seguir, realizada por uma aluna do 6º período de Jornalismo da UFPE, apresenta aspectos curiosos, na medida em que foi reconstruído um cenário novo. Até mesmo as características físicas dos interlocutores foram retratadas. Houve uma sensível redução de informações originais com a introdução de elementos novos. Não há propriamente um falseamento, mas algo muito próximo na medida em que a fantasia ficou solta com a aplicação exagerada do *princípio de expansão* sem motivação ou autorização textual. Houve completa abolição dos turnos e de citações de fala, dando-se apenas uma narrativa em discurso indireto ou citação de conteúdos com uma narradora onisciente, descrevendo até mesmo o cenário da ação.

Exemplo 15.2

Transformação do texto por aluna de Jornalismo da UFPE, 6º período

1   *A senhora pequenina, baixa e de rosto sulcado de rugas, traço indelével da*
2   *passagem do tempo, largou o cesto de cravos que trazia num frouxo abraço e acenou*
3   *para a vizinha. Esta, mais alta e não tão castigada pelos anos, rapidamente correu para*
4   *ver do que se tratava.*
5   *Coisas de comadres... A vizinha trazia-lhe mais histórias da velhinha que morava*
6   *em casa de sua irmã. Ao ouvir a mais recente esquisitice daquela que, sem saber, era alvo*

7   das mais gostosas risadas, arqueou as sobrancelhas bem-feitas e gracejou o seu sorriso mais
8   cristalino. Quem já viu excentricidade maior do que colocar uma bacia sanitária, ainda mais
9   uma tão velha, amarelada e rachada, como vistoso adorno de jardim?
10 Apontando para o cesto que jazia largado na calçada no nº 376, da rua do
11 Encantamento, a senhora de rosto altivo, numa palidez meio marmórea, indagou-lhe a
12 procedência daqueles tão robustos pares de cravos. Enrubescendo, a moradora do 376,
13 explicou-lhe que o inaudito vaso sanitário era o melhor vaso de flores que se podia
14 imaginar.
15   Como ela descobrira tão engraçado e pitoresco uso para aquele outrora feio
16 vaso é que era o mais impagável. Num dia, um seu irmão do Ceará viera visitar sua
17 irmã e a mãe, que moram juntas no velho sobrado da Benfica, dera de cara com o
18 dito cujo. Amarelão destoando do verde das samambaias e rosas-de-príncipe. Bem
19 no portão das visitas. Fizera a devida gozação com a bacia, o que sua mãe,
20 até então ignorando o caso, fez bom uso para ele. Isso, claro, depois de
21 passar um pito na pobre velhinha...

Estes fatos permitem levantar a hipótese de que as operações de retextualização da fala em escrita sejam tomadas não apenas como indicadores da consciência da relação entre a fala e a escrita, mas como exercício de compreensão de texto e, até mesmo, do domínio dos modelos globais de gêneros textuais. Esta percepção dos fatos permite-nos entrar num novo conjunto de hipóteses que conduzem à análise da interferência dos processos de compreensão nas atividades de retextualização. Pois, como lembrado variadas vezes aqui, para transformar um texto em outro, mesmo que seja apenas de uma modalidade em outra, supõe-se uma intensa atividade de compreensão de texto. Esta perspectiva abre uma área inexplorada que pode trazer relevantes conhecimentos para uma melhor apreensão dos processos de compreensão de um modo geral.

Tomemos o caso de uma narrativa oral, da qual vimos um pequeno trecho no Exemplo 3. A retextualização anexa foi realizada por um professor universitário, da área de Letras.

Exemplo 16

Narrativa de uma jovem de 17 anos de idade, Rio de Janeiro, 1993	Retextualização por um professor universitário da área de Letras
F1 — e::... Claire... agora pra terminar... eu quero que você... dê a sua opinião pra mim... ou sobre... amizade... namoro... vocação... vestibular...	F1 — Claire, para terminar, dê sua opinião sobre amizade, namoro, vocação ou vestibular.

F2 — eh... eu vou falar sobre a minha família... sobre os meus pais... o que eu acho deles... como eles me tratam... bem... eu tenho uma família... pequena... ela é composta pelo meu pai... pela minha mãe... pelo meu irmão... eu tenho um irmão pequeno de... dez anos... eh... o meu irmão não influencia em nada... a minha mãe é uma pessoa superlegal... sabe? ela... é uma pessoa que conversa comigo... é minha amiga... ela... me amostra sempre a realidade da vida... ela nunca... ela nunca... esconde nada de mim... né? tenta ver o melhor pra mim... me amostra a vida como ela é... entendeu? o meu pai não... o meu pai já é uma pessoa... ah... ele... já... é uma pessoa muito fechada... e... triste... porque a juventude dele... a criação dele... foi uma coisa... foi uma coisa/como é que eu vou dizer? eh... ele foi criado/os pais dele por um clima de... autoritarismo... entendeu? meu avô era autoritário... ele não via a justiça... sabe? entendeu? ele foi criado no Norte... no interior... então aque/as pessoas do interior geralmente têm uma mente mais fechada... entendeu? são uma pessoa tipo... entre aspas... ignorantes... né? entendeu? então é isso que o meu pai ( ) uma visão assim da vida... então é isso que ele passa pra mim... eu não acho certo... ele acha que... ele acha que a pessoa tem que estudar... trabalhar... entendeu? ele não vê nada... ele não conversa comigo... ele não amostra os pontos de vista dele... a minha família... nesse ponto... eu acho que é... errada... entendeu? porque eu acho que o meu pai... ele tinha que conversar mais comigo... ele tinha que me amostrar mais os fatos... é isso que eu acho errado... às vezes eu fico revoltada com isso... ele sabe criticar... criticar... me criticar... me recriminar... dizer que eu estou errada... entendeu? é isso que eu acho da minha família... que eu não acho que é um exemplo... só isso...

F2 — Vou contar a respeito de minha família, dizendo o que acho de meus pais e como me tratam. A família é pequena. Somos dois irmãos e os pais. Meu irmão tem 10 anos e não atrapalha. Minha mãe é boa e conversamos como amigos. Minha mãe é alegre e mostra a vida como ela é. Meu pai é triste, fechado, e em sua juventude ele foi criado num clima autoritário de mente fechada. Meu pai não fala comigo, só pensa em trabalhar e estudar. Não diz o que pensa sobre a vida. Eu creio que nossa família não é um bom exemplo.

Impressiona neste texto a drástica redução em termos linguísticos e a conservação de boa parte das informações proposicionais. A versão original tem 350 palavras e a versão retextualizada apresenta 134 palavras. Uma redução de mais de 60%. Por outro lado, desapareceram as redundâncias e as repetições. Ficaram poucos pronomes, observando-se a eliminação de 12 "eu", 20 "eles/elas", 30 formas entre "meu, minha, comigo, mim, me" e outras formas pronominais. Internamente aos enunciados houve inúmeras reordenações tópicas e opção por redução nas formas oracionais.

Veja-se o caso desta passagem no original e sua versão retextualizada:

(Original)
... a minha mãe é uma pessoa superlegal... sabe? ela... é uma pessoa que conversa comigo... é minha amiga... ela... me amostra sempre a realidade da vida... ela nunca... ela nunca... esconde nada de mim... né? tenta ver o melhor pra mim... me amostra a vida como ela é... entendeu?
(Retextualização)
Minha mãe é boa e conversamos como amigos. Minha mãe é alegre e mostra a vida como ela é.

Observação similar pode ser feita quanto à maneira de retextualizar a passagem em que a jovem fala do pai:

(Original)
o meu pai não... o meu pai já é uma pessoa... ah... ele... já... é uma pessoa muito fechada... e... triste... porque a juventude dele... a criação dele... foi uma coisa... foi uma coisa/como é que eu vou dizer? eh... ele foi criado/os pais dele por um clima de... autoritarismo... entendeu? meu avô era autoritário... ele não via a justiça... sabe? entendeu? ele foi criado no Norte... no interior... então aque/as pessoas do interior geralmente têm uma mente mais fechada... entendeu? são uma pessoa tipo... entre aspas... ignorantes... né? entendeu? então é isso que o meu pai () uma visão assim da vida... então é isso que ele passa pra mim... eu não acho certo... ele acha que... ele acha que a pessoa tem que estudar... trabalhar... entendeu? ele não vê nada... ele não conversa comigo... ele não amostra os pontos de vista dele...
(Retextualização)
Meu pai é triste, fechado, e em sua juventude ele foi criado num clima autoritário de mente fechada. Meu pai não fala comigo, só pensa em trabalhar e estudar. Não diz o que pensa sobre a vida.

Pode-se indagar, com relação ao caso acima, se não estamos diante de uma situação limite entre a retextualização e o resumo. Tentemos observar apenas esse aspecto numa comparação entre os dois blocos, organizando as informações em unidades proposicionais:

Texto original	Texto retextualizado	Sequências das proposições
1. o meu pai não... o meu pai já é uma pessoa... ah... ele... já... é uma pessoa muito fechada	1. Meu pai é fechado,	(2)
2. ... e... triste...	2. triste,	(1)
3. porque a juventude dele... a criação dele... foi uma coisa... foi uma coisa/como é que eu vou dizer? eh...	3. e em sua juventude ele foi criado	(3)
4. ele foi criado/os pais dele por um clima de... autoritarismo... entendeu?	4. num clima autoritário	(4)
5. meu avô era autoritário...	5. _____	
6. ele não via a justiça... sabe? entendeu?	6. _____	
7. ele foi criado no Norte... no interior...	7. _____	

8. *então aque/as pessoas do interior geral-*   8. de mente fechada.   (5)
   mente têm uma mente mais fechada... en-
   tendeu?
9. *são uma pessoa tipo... entre aspas... igno-*   9. _____
   rantes... né? entendeu?
10. *então é isso que o meu pai () uma visão*   10. _____
    assim da vida... então é isso que ele passa
    pra mim...
11. *eu não acho certo... ele acha que... ele acha* 11. só pensa em estudar   (7)
    que a pessoa tem que estudar...
12. *trabalhar... entendeu?*   12. em trabalhar   (8)
13. *ele não vê nada... ele não conversa co-*   13. Meu pai não fala comigo,   (6)
    migo...
14. *ele não amostra os pontos de vista dele...*   14. Não diz o que pensa sobre a vida. (9)

Quanto à leitura do quadro comparativo acima, observe-se que os números entre parênteses, de (1) a (9), à direita do texto retextualizado, indicam pequenas mudanças de sequenciação tópica, irrelevantes quanto à significação. Por outro lado, analisando essa sequência, percebe-se que pelo menos 5 das 14 unidades informacionais foram eliminadas. Contudo, a qualidade dessas 5 unidades não era tão substantiva como as demais presentes. Temos uma espécie de resumo em que se optou por condensar e generalizar as informações no conjunto do texto. Embora se tenha uma perda ilocutória razoável, não se tem falseamento nem retirada de elementos semânticos decisivos. Pode-se dizer que, mais do que no plano semântico, é no aspecto *pragmático* que as retextualizações alteram sobremaneira o conteúdo do texto original.

Não obstante a razoável perda de força pragmática, este caso é um exemplo instrutivo da aplicação de todas as operações previstas no modelo e uma compreensão clara do original. Revela domínio da escrita e uma noção de economia verbal acentuada. Ele difere em alto grau de todas as demais propostas de retextualização do mesmo original, sobretudo pelo elevado grau de eliminação e pela razoável conservação de informações originais. É difícil dizer se se trata de um exemplo a ser seguido, mas certamente é um exemplo bem-sucedido de retextualização.

Vimos, até agora, retextualizações dos mais diversos gêneros textuais: relato pessoal, inquérito judicial, entrevista, narrativa, discussão e outros. Faltam ainda muitíssimos outros gêneros textuais que, por uma questão de espaço, não podem ser aqui trabalhados. Contudo, um gênero muito praticado e de extrema dificuldade para se retextualizar é o da esfera discursiva acadêmica conhecido como *aula acadêmica*. É a um texto desses que vamos dirigir (Exemplo 17) por alguns momentos nosso olhar com mais atenção que em outros casos. Trata-se de uma aula de Filosofia dada na UFPE por uma jovem professora.

Como se poderá facilmente notar, a aula não é de difícil compreensão, mas exige muita atenção, pois a professora se repete muito e desenvolve um estilo pouco monitorado para este tipo de evento discursivo, o que pode comprometer a compreensão.

Quanto às suas características básicas, o trecho transcrito no Exemplo 17 tem 595 palavras e a retextualização reduziu-o a 220 palavras, o que representa uma eliminação de material linguístico superior a 60%. Uma análise detida mostrará, porém, que foram eliminadas menos unidades informacionais, ou seja, foi-se de 54 proposições no original para 32 na retextualização, isto é, uma redução de apenas 22%. Não se pode dizer que aparecem falseamentos, mas condensações que podem conduzir a interpretações talvez não pretendidas pela professora em sua aula de Filosofia.

Vejamos o texto original e sua retextualização:

Exemplo 17

Texto original — Projeto, NURC — Recife — Inquérito 339 (EF) — Aula de Filosofia — Mulher de 34 anos — Professora universitária	Retextualização por uma jovem de 22 anos, técnica em Contabilidade
então... tirando da própria <u>visão etimológica da palavra né? filosofia:</u> ... então nós deduzi:mos... <u>ser filosofia um ((ruído)) tipo de saber uma sabedoria</u> né? e essa ((ruído)) sabedoria<u>... teria</u> teria de fle/<u>implicações... ao limite humano</u> num é? nós poderíamos dizer... éh filosofia... <u>um saber... que se... busca</u> que se procura né?... <u>que se questio:na</u> que se problematiza <u>não é um saber... irrefletido ou um saber natural</u> como nós vimos... de uma sabedoria proverbial de uma/sabedoria denominada <u>sabedoria dos anciões nem tão pouco era uma sabedoria revelada não é? que era a sabedoria revelada nós teríamos o campo delimitado da te-o--logia</u>... propriamente dita... então visto/claro que... quando nós colocamos a definição nominal E: de forma alguma nós queríamos esgotar... o assunto sobre definição de filosofia... nós montaríamos posteriormente algumas... alguns filósofos propriamente dito e <u>vamos analisar algumas definições... dos próprios filósofos</u> o que é que eles <u>acham... o que é que seria filosofia:</u> ... e como nós di di dizemos na aula anterior né? o próprio <u>Garcia Morentes no fundamento de filosofia ele disse</u> que só é possível definir... fundamentalmente o que é filosofia através de uma vivência... não é? sem a	Pela visão etimológica da palavra filosofia é um tipo de sabedoria que tem implicações no limite humano. É um saber que se busca, que se questiona: não é um saber irrefletido ou natural como é a sabedoria dos anciões, nem tão pouco uma sabedoria dos anciões, nem tão pouco uma sabedoria revelada como é a do campo delimitado pela teologia. Fazendo uma análise do que alguns filósofos acham do que é filosofia, Garcia Morente no fundamento da filosofia diz que só é de uma vivência própria.

vivência não é possível que haja uma definição... é preciso que nós tenhamos caminha:do né? o caminho... pelo menos por menor que seja dentro do campo da filosofia... para que nós possamos tomar posição... né? termos uma viVÊNcia própria do que seja... a filosofia... então ho:je... não é? nós vamos falar sobre/ ainda falar alguma coisa sobre filosofia... sobre o filosofar... né? Como nós dizemos até: ((ruído)) o livro de.../éh: nós estávamos até aqui na aula anterior que nós falávamos como se dizia... éh perguntava sobre a ciência né? sobre a filosofia como... entidade lógica abstrata independente do filosofar nós dizíamos que era uma consequência é claro que no momento atual:... <u>ela já existe o filosofar o pensar humano que é a história do homem</u>... ela existe depen independente de mim... <u>eu posso</u> deixar de pensar... <u>a minha realidade como humano</u> né? que isso é impossível... mesmo porque <u>no próprio forma de agir... né?</u> na própria vivência do sujeito ele já <u>tem uma visão</u> de mundo mesmo que isso se dê: de forma nós poderíamos dizer não pode ser tão com com muita clareza pode até ser <u>de forma indireta</u> não é? porque:... os conteúdos da nossa consciência nem sempre estão a nível consciente... <u>inconscientemente gente manifesta determinadas atitudes</u>... na vida que leva ao observador a concluir uma determinada visão de mundo que nós temos a partir... <u>daquela postura</u> daquela vivência prática que nós proferimos não é <u>então isso leva com que nós... possamos compreender qual seria a visão de mundo</u> implicada naquela vivência daquele sujeito... então nessa forma... <u>seríamos todos filósofos no sentido... mais:... abstrato</u> no sentido mais concreto da da da palavra né? mas dizemos também <u>que a filosofia propriamente dita né? filosofia no sentido acadêmico é preciso que exista uma atitude</u>... não é? <u>do sujeito... que ele se dispo:nha né? através de métodos né?</u>... a fazer <u>interpretação mundo e... organizar... esses sistemas de ideias através... de uma redução teórica</u> fazer nós poderíamos dizer um evento né? <u>um filosofar propriamente dito... deixar: pra posteridade a história do que foi esse seu pensamento</u> né?... colocar através de método sistemático essa ideias deixar... para que a posteridade possa vir analisar...

Ela já existe, o filosofar é o próprio pensar humano que é a história do homem, mesmo que conseguíssemos deixar de pensar a nossa realidade como humano, teríamos de agir na própria vivência do sujeito, que já tem uma visão do mundo; pode até ser, esta visão, de forma indireta porque inconscientemente a gente manifesta determinadas atitudes e essa postura na prática faz com que compreendamos a visão de mundo implicada na vivência do sujeito, então seríamos todos filósofos no sentido mais abstrato.

A Filosofia propriamente dita, no sentido mais acadêmico diz ser preciso que exista uma atitude do sujeito, que ele se disponha, através de métodos, a interpretar o mundo e organizar esse sistema de ideias através de uma redução teórica, um filosofar propriamente dito, deixando para a posteridade a história do que foi seu pensamento.

As partes sublinhadas servem para mostrar com evidência imediata o que foi levado em consideração na retextualização. Submetendo o Exemplo 17 à mesma metodologia do Exemplo 16, encontramos uma redução informacional de 22%. Tendo em vista a dispersividade da aula, não se pode dizer que isto equivale a uma redução informacional substantiva.

Do ponto de vista das estratégias de transformação relativas às operações previstas no modelo exposto no Diagrama 2, nota-se uma tendência a estruturas nominais, na versão escrita, com a eliminação de todos os elementos tipicamente orais (relativos às operações 1ª e 3ª, com inserções previstas nas operações 2ª, 4ª e 5ª), como ocorre no início do texto:

1. então... tirando da própria visão etimológica	1. Pela visão etimológica
2. da palavra né? filosofia:...	2. da palavra filosofia
3. então nós deduzi:mos... ser filosofia um ((ruído)) tipo de saber uma sabedoria né?	3. é um tipo de sabedoria
4. e essa ((ruído)) sabedoria... teria teria de fle/implicações... ao limite humano num é?	4. que tem implicações no limite humano.

Em contrapartida, na parte final desse texto, praticamente todas as informações foram preservadas na ordem em que apareceram, quase sem mudança na própria linguagem (comparem-se os elementos sublinhados na coluna à esquerda com os elementos retextualizados à direita); os marcadores conversacionais (em negrito) foram sistematicamente substituídos por pontuação ou conectivos.

1. mas dizemos também <u>que a filosofia propriamente dita</u> **né**?	1. A Filosofia propriamente dita,
2. <u>filosofia no sentido acadêmico</u>	2. no sentido mais acadêmico
3. <u>é preciso que exista uma atitude</u>... **não é? <u>do sujeito</u>...**	3. diz ser preciso que exista uma atitude do sujeito,
4. <u>que ele se dispo:nha</u> **né?** <u>através de métodos</u> **né?**... <u>a fazer interpretação mundo</u>	4. que ele se disponha, através de métodos, a interpretar o mundo
5. e... organizar... esses sistemas de ideias	5. e organizar esse sistema de ideias
6. através... de uma redução teórica	6. através de uma redução teórica,
7. fazer nós poderíamos dizer um evento **né?**	7. ————————
8. <u>um filosofar propriamente dito</u>...	8. um filosofar propriamente dito,
9. <u>deixar: pra posteridade a história do que foi esse seu pensamento</u> **né?**...	9. deixando para a posteridade a história do que foi seu pensamento.
10. colocar através de método sistemático essa ideias	10. ————————
11. deixar... para que a posteridade possa vir analisar	11. ————————

Para que se tenha uma ideia mais clara do que está sendo considerada uma unidade proposicional em termos informacionais, apresento a seguir um quadro com a reprodução do Exemplo 17 e a subdivisão estabelecida. A divisão é seguramente aproximada e poderia ser melhorada, mas isto não é relevante neste momento. O importante mesmo é que se observe como se dá essa relação informacional na comparação entre o original e a retextualização.

Exemplo 17.1

Texto original — Inquérito 339 — Aula de Filosofia — Mulher de 34 anos — Professora universitária	Retextualização por uma jovem de 22 anos, técnica em Contabilidade
1. então... tirando da própria visão etimológica	1. Pela visão etimológica
2. da palavra né? filosofia:...	2. da palavra filosofia

3. então nós deduzi:mos... ser filosofia um ((ruído)) tipo de saber uma sabedoria né?
4. e essa ((ruído)) sabedoria... teria teria de fle/implicações... ao limite humano num é?
5. nós poderíamos dizer... éh filosofia... um saber... que se... busca que se procura né?...
6. que se questio:na
7. que se problematiza
8. não é um saber... irrefletido
9. ou um saber natural
10. como nós vimos... de uma sabedoria proverbial de uma/
11. sabedoria denominada sabedoria dos anciões
12. nem tão pouco era uma sabedoria revelada não é?
13. que era a sabedoria revelada nós teríamos o campo delimitado da te-o-logia... propriamente dita...
14. então visto/claro que... quando nós colocamos a definição nominal
15. E: de forma alguma nós queríamos esgotar... o assunto sobre definição de filosofia...
16. nós montaríamos posteriormente algumas... alguns filósofos propriamente dito
17. e vamos analisar algumas definições... dos próprios filósofos
18. o que é que eles acham... o que é que seria filosofia:...
19. e como nós di di dizemos na aula anterior né?
20. o próprio Garcia Morentes no fundamento de filosofia ele disse que só é possível definir... fundamentalmente o que é filosofia através de uma vivência... não é?
21. sem a vivência não é possível que haja uma definição...
22. é preciso que nós tenhamos caminha:do né?
23. o caminho... pelo menos por menor que seja dentro do campo da filosofia... para que nós possamos tomar posição... né?
24. termos uma viVÊNcia própria do que seja... a filosofia...
25. então ho:je... não é? nós vamos falar sobre/ainda falar alguma coisa sobre filosofia... sobre o filosofar... né?
26. Como nós dizemos até: ((ruído)) o livro de.../éh: nós estávamos até aqui na aula anterior que nós falávamos como se dizia... éh perguntava sobre a ciência né?
27. sobre a filosofia como... entidade lógica abstrata independente do filosofar
28. nós dizíamos que era uma consequência
29. é claro que no momento atual:... ela já existe

3. é um tipo de sabedoria
4. que tem implicações no limite humano.
5. É um saber que se busca,
6. que se questiona:
7. ——————————————
8. não é um saber irrefletido
9. ou natural
10. ——————————————
11. como é a sabedoria dos anciões,
12. nem tão pouco uma sabedoria dos anciões,
13. nem tão pouco uma sabedoria revelada como é a do campo delimitado pela teologia.
14. ——————————————
15. ——————————————
16. ——————————————
17. Fazendo uma análise do que alguns filósofos
18. acham do que é filosofia,
19. ——————————————
20. Garcia Morente no fundamento da filosofia diz que só é de uma vivência própria.
21. ——————————————
22. ——————————————
23. ——————————————
24. ——————————————
25. ——————————————
26. ——————————————
27. ——————————————
28. ——————————————
29. Ela já existe,

30. *o filosofar o pensar humano que é a história do homem...*
31. *ela existe depen independente de mim...*
32. *eu posso deixar de pensar... a minha realidade como humano né?*
33. *que isso é impossível...*
34. *mesmo porque no próprio forma de agir... né? na própria vivência do sujeito ele já tem uma visão de mundo*
35. *mesmo que isso se dê: de forma nós poderíamos dizer não pode ser tão com com muita clareza*
36. *pode até ser de forma indireta não é?*
37. *porque:... os conteúdos da nossa consciência nem sempre estão a nível consciente...*
38. *inconscientemente gente manifesta determinadas atitudes...*
39. *na vida que leva ao observador a concluir uma determinada visão de mundo*
40. *que nós temos a partir... daquela postura daquela vivência prática*
41. *que nós proferimos*
42. *não é então isso leva com que nós... possamos compreender qual seria a visão de mundo implicada naquela vivência daquele sujeito*
43. *... então nessa forma... seríamos todos filósofos no sentido... mais:... abstrato no sentido mais concreto da da da palavra né?*
44. *mas dizemos também que a filosofia propriamente dita né?*
45. *filosofia no sentido acadêmico*
46. *é preciso que exista uma atitude... não é? do sujeito...*
47. *que ele se dispo:nha né? através de métodos né?... a fazer interpretação mundo*
48. *e... organizar... esses sistemas de ideias*
49. *através... de uma redução teórica*
50. *fazer nós poderíamos dizer um evento né?*
51. *um filosofar propriamente dito...*
52. *deixar: pra posteridade a história do que foi esse seu pensamento né?...*
53. *colocar através de método sistemático essa ideias*
54. *deixar... para que a posteridade possa vir analisar...*

30. o filosofar é o próprio pensar humano que é a história do homem,
31. ——————————
32. mesmo que conseguíssemos deixar de pensar a nossa realidade como humano.
33. ——————————
34. teríamos de agir na própria vivência do sujeito, que já tem uma visão do mundo;
35. pode até ser, esta visão,
36. de forma indireta
37. ——————————
38. porque inconscientemente a gente manifesta determinadas atitudes
39. ——————————
40. e essa postura na prática
41. ——————————
42. faz com que compreendamos a visão de mundo implicada na vivência do sujeito,
43. então seríamos todos filósofos no sentido mais abstrato.
44. A Filosofia propriamente dita,
45. no sentido mais acadêmico
46. diz ser preciso que exista uma atitude do sujeito,
47. que ele se disponha, através de métodos, a interpretar o mundo
48. e organizar esse sistema de ideias
49. através de uma redução teórica,
50. ——————————
51. um filosofar propriamente dito,
52. deixando para a posteridade a história do que foi seu pensamento.
53. ——————————
54. ——————————

A apresentação do Exemplo 17.1 permite que se faça com mais facilidade uma análise comparativa entre as duas versões. Visualiza de maneira extraordinariamente clara a diferença de volume no material linguístico entre os dois formatos, revelando uma relativa manutenção dos dados informacionais básicos. Veja-se que a redução linguística é de 60%, ao passo que a redução informacional é de 22%.

Resta interpretar esse caso sob o ponto de vista da qualidade da retextualização, mas este é um aspecto que deveria ser julgado com base numa série de testes similares e não em uma única realização. É a isto que me dedico a seguir, sugerindo algumas linhas de trabalho.

12. Perspectivas de trabalho

As observações feitas ao longo deste estudo podem servir como sugestão de análise das estratégias utilizadas na implementação das operações previstas no modelo exposto no Diagrama 2. Além disso, devem contribuir para se perceber que o trabalho com a língua, quando realizado nesta perspectiva, é um bom ponto de partida não só para uma melhor compreensão da oralidade na sua relação com a escrita, mas para um melhor tratamento da oralidade em si mesma. Percebe-se, neste estudo, que ocorrem muitas mudanças na passagem da fala para a escrita, mas todas numa perspectiva bastante sistemática a ponto de se poder fazer *previsões e projeções de regras gerais* para a retextualização. Essas *regras de projeção* foram aqui formuladas de maneira não rigorosa, mas suficientemente operacional, permitindo um trabalho ordenado.

O ideal seria que fossem considerados textos de gêneros orais diversos para comparar as diferenças levando em conta também as variáveis propostas no item 3: *propósito, relação entre produtor e transformador, e processos de formulação.* Para facilitar o tratamento, pode-se seguir alguma das sugestões de diagramação do material, trazidas ao longo deste estudo, ou seguir uma metodologia mais completa utilizando-se de uma matriz que determine um quadro no qual se dá a análise detalhada de trechos não muito longos. É com este intuito que figura no final deste item o modelo de uma ficha com espaços para situar e comparar analiticamente os dados.

É oportuno lembrar, neste ponto da investigação, que iniciamos o estudo afirmando que a textualização é um processo muito comum no nosso dia a dia. Ela está presente na maioria das atividades em que a língua é usada. Por isso, o modelo sugerido poderá servir não só para o tratamento da passagem da oralidade para a escrita, mas pode ser estendido a outros tipos de retextualização. Certamente, na passagem de um gênero textual para outro, deverá haver considerações sobre a questão dos gêneros; na passagem de um texto escrito para outro texto escrito deve-se observar aspectos novos não constantes no modelo do Diagrama 2. O que fica claro, em todos os casos possíveis, seja da fala para a escrita ou da escrita para a fala; de uma escrita para outra escrita e de uma fala para outra fala, é sempre a possibilidade de se chegar a um conjunto de *operações identificáveis*. Sua identificação pode ser feita em modelo similar ao desenvolvido aqui. Sirva ele, pois, de base heurística para essas novas incursões.

Um ensino de língua na perspectiva ora sugerida apresenta a vantagem de um maior dinamismo e uma produtividade muito grande porque leva em conta de maneira sistemática o aspecto textual-discursivo e não apenas as estruturas formais. Sua vantagem é a possibilidade de oferecer previsões e sugerir alternativas comparativamente. Se daí surgirem regras, elas estarão sempre situadas num contexto dinâmico de decisões que envolvem ações situadas.

Quanto ao uso do modelo, deve-se exercitar a criatividade, podendo-se ir desde um estudo intuitivo e ilustrativo em sala de aula com a colaboração dos alunos, até um trabalho de dissertação de mestrado ou tese de doutorado sobre questões muito complexas envolvidas nesses processos. Conhece-se pouco a este respeito; vale a pena tratar o assunto com cuidado. A título de curiosidade, enumeraria os seguintes aspectos como merecedores de uma análise aprofundada:

a) Quais as categorias gramaticais mais eliminadas/transmutadas nos processos de retextualização?
b) Qual a preferência seguida para a introdução da pontuação?
c) Quais os critérios seguidos na introdução da paragrafação?
d) Em que perspectiva se dá a substituição lexical?
e) Como se desenvolve o processo de pronominalização?
f) Há algum tipo de preferência ou previsibilidade na eliminação de informações proposicionais?
g) A maior mudança, perda ou diferença acha-se no campo da informação semântica ou da força pragmática?
h) As operações de retextualização evidenciam processos de compreensão de maneira significativa, tal como se postulou aqui, ou não?

Estas são apenas algumas das indagações. A listagem, aberta a quem se dispuser a continuá-la, só tem sentido se nos dedicarmos a resolver as questões propostas.

Observando o Exemplo 17.1 na forma como foi proposto na estrutura geral de unidades proposicionais, pode-se utilizá-lo para pôr dentro das duas primeiras colunas e realizar a análise de detalhe. Isto permite um trabalho minucioso sobre a questão, e os resultados podem ser muito satisfatórios em termos de conhecimento das estratégias envolvidas.

Com base na exposição feita neste estudo, sugere-se a seguir uma **metodologia de tratamento da retextualização** que, em síntese, operacionaliza o modelo apresentado no Diagrama 2. A proposta não deve, no entanto, ser tomada como uma fórmula ou receita, podendo ser modificada de acordo com os propósitos que cada analista tiver em mente. Aqui vão algumas das indicações para seu uso:

a) o **texto original** seria apresentado na forma integral, com a numeração das linhas, a fim de melhor retomar as partes especificamente comentadas em cada momento das etapas seguintes;

b) a **retextualização** apareceria na coluna a seguir com numeração própria, que seria também referida para correlacionar com a numeração das linhas do texto original;

c) as **operações e análises** seriam apresentadas em quatro colunas divididas de acordo com a necessidade. Em princípio, poderíamos prever uma coluna que indicasse, em cada caso, o **tipo de operação** de que se trataria e, a seguir, o tipo de fenômeno observado: **eliminações, transformações, acréscimos/alterações**;

d) na análise dos fenômenos abordados podem ser registrados os quantitativos e as respectivas categorias, indicando-se também os próprios elementos linguísticos. Mas é possível fazer uma análise com interesse específico e observar apenas um conjunto de categorias, por exemplo, pode-se querer fazer uma análise restrita ao tratamento dos *marcadores conversacionais* ou das *repetições*, do problema da *pontuação* ou da *anáfora*, ou de qualquer outro aspecto que eventualmente esteja no interesse do investigador. Isto demandaria para cada texto original/retextualizado tantas tabelas quantas fossem as categorias trabalhadas. Esta última sugestão é importante porque pode permitir economia na análise e aprofundamento em detalhes específicos.

MODELO DIAGRAMÁTICO PARA ANÁLISE DOS PROCESSOS DE RETEXTUALIZAÇÃO

Texto Original	Retextualização	Operações e análises			
		tipo de oper.	Eliminações	Transformações	Acréscimos/ Alterações
		1ª 2ª 3ª 4ª 5ª 6ª 7ª 8ª 9ª O. Esp.			

13. Algumas palavras finais

Neste estudo, foram propostas categorias, teorias e sugestões de análise das relações entre a oralidade e a escrita e um modelo de tratamento das retextualizações, particularmente, do texto oral para o texto escrito. Muito resta por se dizer e aprofundar neste campo que ainda não foi devidamente trabalhado. Estou convencido de que se trata de área de grande interesse tanto teórico como prático que já pode ser desvendada com alguma segurança. O que aqui se fez não foi mais do que abrir um caminho e mostrar algumas das possibilidades de investigação cuja corretude deve ser comprovada com muito cuidado.

Diante do que se vem postulando para o ensino de língua relativamente à oralidade, inclusive nos atuais *Parâmetros Curriculares Nacionais*, suponho que um trabalho atento e meticuloso no campo das atividades de retextualização em suas várias alternativas pode ser um bom início. É uma maneira prática e eficaz de se obter informações sob o ponto de vista textual-discursivo e acabar com uma série de mitos a respeito da oralidade na sua relação com a escrita. Em especial fica evidente que a escrita não é uma representação da fala.

Também fica claro que a fala não é o lugar do caos. Quanto a este mito tão comum nas décadas de 60 e 70 nos estudos sobre a oralidade e a escrita, que os anos 80 tentaram desfazer, ainda há muito o que se investigar. Neste trabalho ficaram claros alguns aspectos fundamentais. Entre eles vale a pena ressaltar dois. O primeiro refere-se à noção de que as diferenças não são tão essenciais no plano do conteúdo nem no plano da organização básica das informações, o que comprova que o texto oral apresenta nos diversos gêneros alto grau de coesividade e coerência, não podendo ser tido como desordenado ou fragmentário. O segundo refere-se ao problema da qualidade cognitiva da oralidade, que não fica a dever à escrita no que respeita ao grau de abstração do raciocínio. Pois é fácil perceber que os conteúdos e os raciocínios resultantes nos textos escritos não aumentam o grau de abstração presente nos correspondentes textos orais originais. Os processos de compreensão desenvolvidos na oralidade são os mesmos que na escrita, variando as formas de implementação em virtude das condições de produção, em especial quando o texto se dá no formato dialogado.

Assim, tal como se frisou em vários momentos, esta proposta tem a propriedade de ser utilizada também para o trabalho com a *compreensão* de texto e não só com a produção. Trata-se de uma maneira muito interessante de lidar com a questão, já que se opera com o sentido no campo das ações situadas em seus contextos reais de produção. Veja-se quanta confusão é gerada na comunicação diária quando temos que desdizer o que dizem que dissemos. Pois é comum as pessoas dizerem que alguém disse algo e depois serem desditas. Não é sem razão que a maioria das autoridades políticas tem seus *porta-vozes*, cuja missão é *interpretarem* o que o chefe disse, já que isso nem sempre é tão evidente como o chefe imaginava.

Por fim, espero que este estudo tenha contribuído para identificar aspectos úteis não só a um trabalho com textos orais e escritos, mas principalmente para esclarecer que a língua não é um simples sistema de regras, mas uma atividade sociointerativa que exorbita o próprio código como tal. Em consequência, o seu uso assume um lugar central e deve ser o principal objeto de nossa observação porque só assim se elimina o risco de transformá-la em mero instrumento de transmissão de informações. A língua é fundamentalmente um fenômeno sociocultural que se determina na relação interativa e contribui de maneira decisiva para a criação de novos mundos e para nos tornar definitivamente humanos.

FONTES DE REFERÊNCIA

ABAURRE, Maria Bernadete M.; FIAD, Raquel Salk; SABINSON, Maria Laura T. M. & GERALDI, João Wanderley. Considerações sobre a utilização de um paradigma indiciário na análise de refacção textual. *Trabalhos em Linguística Aplicada.* 25: 1-25, 1995.

AGUILERA, Vanderci de Andrade. *Atlas Linguístico do Paraná.* Curitiba: Imprensa Oficial do Paraná, 1994.

ALVES. Virgínia Colares. *A Decisão Interpretativa da Fala em Depoimentos Judiciais.* Dissertação de mestrado. Recife: UFPE, 1992.

_____. *Inquirição na Justiça: Estratégias Linguístico-Discursivas.* Tese de doutorado. Recife: UFPE, 1999.

ARABYAN, Marc. *Le paragraphe narratif. Étude typographique et linguistique de la ponctuation textuelle dans les récits classiques et modernes.* Paris: Editions L'Harmattan, 1994.

_____. *Lire L'Image. Emission, Réception, Interprétation des Messages Visuels.* Paris: Editions L'Harmattan, 2000.

BAKHTIN, Michail. [1979]. *Estética da Criação Verbal.* São Paulo: Martins Fontes, 1992.

BERNSTEIN, Basil. *Class, Codes and Control.* London: Routledge & Kegan Paul Ltd., v. 1, 1971.

BIBER, Douglas. Spoken and written textual dimensions in english: resolving contradictory findings. *Language.* n. 62, p. 384-414, 1986.

_____. *Variation Across Speech and Writing.* Cambridge: Cambridge University Press, 1988.

BIBER, Douglas. *Dimensions of Register Variation. A Cross-Linguistic Comparison.* Cambridge: Cambridge University Press, 1995.

BLANCHE-BENVENISTE, Claire. A escrita da linguagem domingueira. In: FERREIRO, E.; PALACIO, M. G. (eds.) *Os Processos de Leitura e Escrita.* 3. ed. Porto Alegre: Artes Médicas, 1990. p. 195-212.

BORTONI, Stella Maris. Educação bidialetal — O que é? É possível? *Revista Internacional de Língua Portuguesa.* n. 7, p. 54-65, 1992.

_____. Variação linguística e atividades de letramento em sala de aula. In: KLEIMAN, A. (org.). Os significados do Letramento. *Uma Nova Perspectiva sobre a Política Social da Escrita.* Campinas: Mercado de Letras, 1995. p. 119-144.

BROWN, Gilian & George YULE. *Discourse Analysis.* Cambridge: Cambridge University Press, 1983.

CASTILHO, Ataliba Teixeira de. (org.). *Gramática do Português Falado.* Campinas: Editora da UNICAMP/FAPESP, v. 1, A Ordem, 1990.

_____. (org.). 1993. *Gramática do Português Falado.* Campinas: Editora da UNICAMP/FAPESP, v. 3, As Abordagens, 1993.

_____ & Margarida BASÍLIO. (orgs.). *Gramática do Português Falado.* Campinas: Editora da UNICAMP/FAPESP, v. 4, 1996.

_____. *A Língua Falada no Ensino de Português.* São Paulo: Contexto, 1998.

CATACH, Nina. (org.). *Para uma Teoria da Língua Escrita.* São Paulo: Ática, 1996.

CHACON, Lourenço. *Ritmo da Escrita. Uma Organização do Heterogêneo da Linguagem.* São Paulo: Martins Fontes, 1998.

CHAFE, Wallace. Integration and involvement in speaking, writing, and oral literature. In: TANNEN, D. (ed.) *Spoken and Written Language: Exploring Orality and Literacy.* Norwood: N. J. Ablex, 1982. p. 35-53.

_____. Speaking, writing, and prescriptivism. In: SCHIFFRIN, D. (ed.) *Meaning, Form, and Use in Context: Linguistic Applications.* Georgetown: Georgetown University Press, 1984. p. 95-103.

_____. Linguistic differences produced by differences between speaking and writing. In: OLSON, D. R.; TORRANE, N.; HYLDIARD, A. (eds.) *Literacy and Language Learning.* Cambridge: Cambridge University Press, 1985. p. 105-123.

COOK-GUMPERZ, Jenny. (ed.). *A Construção Social da Alfabetização.* Porto Alegre: Artes Médicas, 1991.

CORTELAZZO, M. A. Dal parlato al (TRA)scrito: i resconti stenografici dei discorsi parlamentari. In: HOLTUS, G.; RADTKE, E. (orgs.) *Gesprochenes Italienisch in Geschichte und Gegenwart.* Tübingen: Norr, 1985. p. 87-117.

CUNHA, Dóris de Arruda Carneiro da Cunha. *Discours Rapporté et Circulation de la Parole*. Louvain-La-Neuve: Peeters, 1992.

_____. Modalidades de transmissão do discurso no face a face conversacional. In: *Anais do IX Encontro Nacional da ANPOLL*. João Pessoa: ANPOLL, v. 2, tomo I, 1995. p. 1149-1158.

DIJK, Teun Van. *Text and Context. Explorations in the Semantics and Pragmatics of Discourse*. London: Longman, 1977.

_____. *Macrostructures*. Hilsdale: Erlbaum, 1980.

_____; KINTSCH, Walter. Cognitive psychology and discourse: recalling and summarizing stories. In: DRESSLER, W. U. (ed.) *Current Trends in Textlinguistics*. Berlin/New York: W. de Gruyter, 1978. p. 61-80.

DURANTI, Alessandro. *Linguistic Anthropology*. Cambridge: Cambridge University Press, 1997.

FIAD, Raquel Salek; MAYRINK-SABINSON, Maria Laura T. 1991. A escrita como trabalho. In: MARTINS, Maria H. (org.). *Questões de Linguagem*. São Paulo: Contexto, 1991. p. 54-63.

FRAGO, Antonio Viñao. *Alfabetização na Sociedade e na História. Vozes, Palavras e Textos*. Porto Alegre: Artes Médicas, 1993.

FRANCHI, Carlos. Linguagem — atividade constitutiva. *Almanaque*. 5:9-27, 1977.

GNERRE, Maurizzio. *Linguagem, Escrita e Poder*. São Paulo: Martins Fontes, 1985.

GINSBURG, Carlo. *O Queijo e os Vermes*. São Paulo: Companhia das Letras, 1987.

GOMES, Isaltina Mello. *Dos Laboratórios aos Jornais: um Estudo sobre Jornalismo Científico*. Dissertação de mestrado. Recife: UFPE, 1995.

GOODY, Jack. [1977]. *Domesticação do Pensamento Selvagem*. Lisboa: Editorial Presença, 1988. (Original inglês: *Domestication of the Savage Mind*, de 1977.)

_____. *The Logic of Writing and the Organization of Society*. Cambridge: Cambridge University Press, 1986.

_____. *The Interface Between the Written and the Oral*. Cambridge: Cambridge University Press, 1987.

GRAFF, Harvey J. *Os Labirintos da Alfabetização*. Porto Alegre: Artes Médicas, 1995.

GUMPERZ, John. *Discourse Strategies*. Cambridge: Cambridge University Press, 1982.

HALLIDAY, M.A.K. Differences between spoken and written language: Some implications for literacy teaching. In: PAGE, Glenda; ELKINS, John; O'CONNOR, Barry. (eds.). *Communication through reading: proceedings of the 4th Australian Reading Conference*. Adelaide: Australian Reading Association, v. II, 1979. p. 37-52.

HALLIDAY, M.A.K. *Spoken and Written Language*. Oxford: Oxford University Press, 1985.

_____; HASAN, R. *Language, Context and Text: Aspects of Language in a Social--Semiotic Perspective*. Oxford: Oxford University Press, 1989.

HAVELOCK, Eric. *Origins of Western Literacy*. Toronto: Ontario Institute for Studies in Education, 1976.

HEATH, S. B. *Ways with Words. Language, Life and Work in Communities and Classrooms*. Cambridge: Cambridge University Press, 1983.

HILGERT, José Gaston. 2000. A construção do texto "falado" por escrito: a conversação na internet. In: PRETI, Dino. (org.) 2000. *Estudos de Língua Falada*. São Paulo: Humanitas, v. 4, 2000.

HYMES, Dell. On communicative competence. In: PRIDE, J. B. & HOLMES, J. (eds.) *Sociolinguistics*. Baltimore, Penguin Books, 1972. p. 269-93.

ILARI, Rodolfo (org.). *Gramática do Português Falado*. Campinas: Editora da UNICAMP, v. 2, 1992.

JÖNSSON, Linda & LINELL, Per Story generations: from dialogical interviews to written reports in police interrogations. *Text*. *11*(3):419-440, 1991.

KATO, Mary. (org.) *Gramática do Português Falado*. Campinas: Editora da UNICAMP/ FAPESP, v. 5, 1996.

KLEIMAN, Ângela. (org.). *Os Significados do Letramento. Uma Nova Perspectiva sobre a Prática Social da Escrita*. Campinas: Mercado de Letras, 1995.

_____. Modelos de letramento e as práticas de alfabetização na escola. In: KLEIMAN, A. (org.). Op cit., 1995a. p. 15-61.

KOCH, Ingedore V. *A Inter-Ação pela Linguagem*. São Paulo: Contexto, 1992.

_____. *O Texto e Construção dos Sentidos*. São Paulo: Contexto, 1997.

_____. (org.). *Gramática do Português Falado*. Campinas: Editora da UNICAMP/ FAPESP, v. 6, 1996.

KOCH, Peter; ÖSTERREICHER, Wulf. *Gesprochene Sprache in der Romania: Französisch, Italienisch, Spanisch*. Tübingen: Niemeyer, 1990.

KROLL, Barry M.; VANN, Roberta J. (eds.). *Exploring Speaking-Writing*. Urbana, Illinois: National Council of Teachers of English, 1981.

LABOV, William. *Sociolinguistics Patterns*. Philadelphia: University of Pennsylvania Press, 1972.

MARCUSCHI, Luiz Antônio. *Análise da Conversação*. São Paulo: Ática, 1986.

MARCUSCHI, Luiz Antônio. Marcadores conversacionais do Português Brasileiro: formas, posições e funções. In: CASTILHO, Ataliba de. (org.) 1989. *Português Culto Falado na Brasil.* Campinas: Editora da UNICAMP, 1989. p. 281-322.

_____. A ação dos verbos introdutores de opinião. *INTERCOM. Revista Brasileira de Comunicação.* 64:74-93, São Paulo, 1991.

_____. *A Repetição na Língua Falada: Formas e Funções.* Tese de concurso para titular em Linguística. Recife: UFPE, 1992.

_____. Contextualização e explicitude na relação entre fala e escrita. In: *Anais do I Encontro de Língua Falada e Ensino.* Maceió: Editora da UFAL, 1995. p. 27-48.

_____. Citação de fala na interação verbal como fala idealizada. In: *Actas del I Colóquio Latinoamericano de Analistas do Discurso.* Caracas: Universidad de Venezuela, 1997. p. 187-202.

MARCUSCHI, Luiz Antônio. Concepção de língua falada nos manuais de português de 1° e 2° graus: uma visão crítica. *Trabalhos em Linguística Aplicada.* 30:39-79, 1997a.

_____. Cognição, explicitude e autonomia no texto falado e escrito. In: MOURA, Denilda. (org.) *Os Múltiplos Usos da Língua.* Maceió: Editora da UFAL, 1999. p. 38-48.

_____. Referenciação e cognição: o caso da anáfora sem antecedente. In: PRETI, Dino. (org.). *Fala e Escrita em Questão.* São Paulo: Humanitas, v. 4, 2000. p. 191-240.

_____. Em preparação. *O Tratamento da oralidade no Ensino de Língua.*

_____. Em preparação. *Gêneros textuais: O que São e como se Constituem.*

MILROY, James. *Linguistic Variation and Change. On the Historical Sociolinguistics of English.* Oxford: Basil Blackwell, 1992.

NEVES, Maria Helena de Moura. (org.). *Gramática do Português Falado.* Campinas: Humanitas, Editora da UNICAMP/FAPESP, v. 7, 1999.

OCHS, Elionor. Planned and Unplanned Discourse. In: GIVÓN, Talmy (ed.). 1979. *Discourse and Syntax. (Syntax and Semantics. Vol. XII).* New York: Academic Press, 1979. p. 51-80.

OLSON, David R. From utterance to text. The bias of language in speech and writing. *Harvard Educational Review.* 47(3):258-281, 1977.

_____. *O Mundo no Papel. As Implicações Conceituais e Cognitivas da Leitura e da Escrita.* São Paulo: Ática, 1997.

ONG, Walter. Writing is a technology that reestructures thought. In: BAUMANN, G. (ed.). *The Written Word. Literacy in Transition.* Oxford: Clarendon Press, 1986. p. 23-50.

_____. [1982]. *Oralidade e Cultura Escrita: A Tecnologização da Palavra.* São Paulo: Papirus Editora, 1998.

Parâmetros Curriculares Nacionais — Primeiro e Segundo Ciclos do Ensino Fundamental: Língua Portuguesa. Brasília: Secretaria de Educação Fundamental, MEC/SEF, 1997.

Parâmetros Curriculares Nacionais — Terceiro e Quarto Ciclos do Ensino Fundamental: Língua Portuguesa. Brasília: Secretaria de Educação Fundamental, MEC/SEF, 1998.

PINKER, Steve. *El Instinto del Lenguaje. Cómo Crea el Lenguaje la Mente.* Madrid: Alianza Editorial, 1995.

PINTO, Abuêndia Padilha Peixoto. *Conservação dos Níveis Sociolinguísticos na Tradução Literária.* Dissertação de mestrado. Recife: UFPE, 1979.

POOLE, Millicent E. & FIELD, T. W. A comparison of oral and written code elaboration. *Language and Speech. 19*:305-311, 1976.

PRETI, Dino. *Português Oral e Escrito.* São Paulo: Editora Nacional, v. 8, 1979.

_____. *A Gíria e Outros Temas.* São Paulo: T. A. Queiroz/EDUSP, 1984.

PRETI, Dino. *A Linguagem dos Idosos.* São Paulo: Contexto, 1991.

_____. (org.). *Análise de Textos Orais.* São Paulo: FFLCH/USP, 1993.

_____. A língua falada e o diálogo literário. In: PRETI, Dino. (org.). Op. cit., 1993a. p. 215-228.

_____. *Sociolinguística — os níveis de fala.* 7. ed. São Paulo: Editora Nacional, 1994.

_____. (org.). *Estudos de Língua Falada.* São Paulo: Humanitas, v. 3, 1998.

_____. (org.). *Fala e Escrita em Questão.* São Paulo: Humanitas, v. 4, 2000.

RAMOS, Graciliano. *São Bernardo.* 8. ed. Rio de Janeiro: José Olympio, 1952.

REY-DEBOVE, Josette. À procura da distinção oral/escrito. In: CATACH, Nina. (org.). Op. cit. São Paulo: Ática, 1996. p. 75-90.

SCRIBNER, Sylvia. *Mind and Social Practice. Selected Writings of Sylvia Scribner.* Cambridge: Cambridge University Press, 1997.

_____. & COLE, M. *The Psychology of Literacy.* Cambridge: Harvard University Press, 1981.

SIMÕES, Maria do Socorro & GOLDER, Christophe. (coords.) *Abaetetuba conta...* Belém: Editora CEJUP/UFPA, 1995a.

_____. (coords.). *Belém conta...* Belém: Editora CEJUP/UFPA, 1995b.

_____. (coords.). *Santarém conta...* Belém: Editora CEJUP/UFPA, 1995c.

SOARES, Magda Becker. *Linguagem e Escola: Uma Perspectiva Social.* São Paulo: Ática, 1986.

SOARES, Magda Becker. *Letramento. Um Tema em Três Gêneros*. Belo Horizonte: Autêntica, 1998.

STREET, Brian V. *Literacy in Theory and Practice*. Cambridge: Cambridge University Press, 1984.

_____. *Social Literacies. Critical Approaches to Literacy in Development, Ethnography and Education*. Harlow: Longman, 1995.

STUBBS, Michael. *Language and Literacy: The Sociolinguistics of Reading and Writing*. London: Routledge & Kegan Paul, 1980.

_____. *Educational Linguistics*. Oxford: Basil Blackwell, 1986.

TANNEN, Deborah. Spoken and written language and the oral/literate continuum. In: *Proceedings of the Sixth Annual Meeting of the Berkeley Linguistics Society*. 1980. p. 207-218.

_____. *Spoken and Written Language: Exploring Orality and Literacy*. Norwood: N. J. Ablex, 1982.

_____. *Coherence in Spoken and Written Discourse*. Norwood: N. J. Ablex, 1984.

_____. Relative Focus on Involvement in oral and written discourse. In: OLSON, D. R. et al. (eds.) *Literacy, Language and Learning*. Cambridge, Cambridge University Press, 1985. p. 124-147.

TEXT 11-1 (1991). (Número especial dessa revista com artigos sobre a oralidade e a escrita, com textos de HOROWITZ, OLSON, NYSTRAND/WIEMELT, CHAFE, BIBER e outros.)

TAYLOR, Talbot J. & CAMERON, Deborah. *Analysing Conversation. Rules and Units in the Structure of Talk*. Oxford: Pergamon Press, 1987.

TFOUNI, Leda Verdiani. *Adultos Não Alfabetizados: O Avesso do Avesso*. São Paulo: Pontes, 1988.

TRAVAGLIA, Neusa. *A Tradução numa Perspectiva Textual*. Tese de doutorado. USP, São Paulo, 1993.

TRUDGILL, Peter. *Accent, Dialect and The School*. London: Edward Arnold, 1975.

URBANO, Hudinilson. *Oralidade na Literatura. (O Caso Rubem Fonseca)* São Paulo: Cortez Editora, 2000.